LUISE RINSER · LEBEN IM AUGENBLICK

LUISE RINSER

LEBEN IM AUGENBLICK

KURZE TEXTE ZUR SINNFRAGE

Herausgegeben von Ute Zydek

KÖSEL

Mit 22 Fotos von Inga Veith, Solingen

ISBN 3-466-20405-4

Druck und Bindung: Kösel, Kempten
Umschlag: Kaselow Design, München
Umschlagmotiv: Inga Veith, Solingen
Frontispiz: Foto von Paul Swiridoff, Schwäbisch Hall
1 2 3 4 5 · 00 99 98 97 96
Gedruckt auf umweltfreundlich hergestelltem Werkdruckpapier (säurefrei und chlorfrei gebleicht)

INHALT

Vorwort

IM AUGENBLICK LEBEN. Was ist das: Ein Augenblick. Ich sage: »Ich bin im Augenblick wieder zurück«. Oder: »Wollen Sie mich für einen Augenblick anhören?«
Wie lang dauert ein Augenblick? Ein Zeit-Maß? Der Bruchteil einer Minute, einer Sekunde? Nein. Ein Augenblick ist kein brauchbares Zeit-Maß. Für einen dringlich Wartenden dauert ein Augenblick unerträglich lang; einem andern ist er zu kurz, wenn er etwas »sofort« will. Gibt es den Augenblick

überhaupt? Es gibt ihn nicht. Es gibt ihn so wenig wie es »die Zeit« gibt. Und doch erleben wir die nicht-existierende Zeit und den nicht-existierenden Augenblick als real existierend. Was für eine Illusion. Wir glauben der Uhr und halten das, was sie zeigt, für »wahr« und »wirklich« und richten unser Leben danach ein. Und doch zeigt die exakteste Uhr nichts anderes als das, was wir auch ohne sie wissen: daß es Dauer nicht gibt, auch nicht im »Augenblick«, denn alles fließt unaufhaltsam dahin. Wohin? In die Nicht-Zeit.

Die Griechen unterschieden Chronos und Kairos. Chronos: der gewöhnliche Ablauf der Tage, Stunden, Minuten – sozusagen eine linear horizontale Zeit. Zu dieser Horizontale gehört eine Vertikale. Wo sich Vertikale und Horizontale treffen, ereignet sich etwas: aus Zeit und Nicht-Zeit wird das geboren, was die Mystiker das NU nennen: die zeitlose Zeit – das Zusammenfallen von »Zeit« und »Ewigkeit«. Ein Gnaden-Augenblick, in dem das, was uns sonst zwischen den Fingern zerrinnt wie Sand, plötzlich zur eigentlichen Wirklichkeit wird.

Die Meister des geistigen Lebens sagen, wir sollen »im Augenblick leben« (oder: dem Augenblick leben). Wir sollen nicht die chronologische Zeit achtlos vergeuden mit Unwesentlichem, sondern jeden »Augenblick« erfahren als Kairos: als Angebot aus der anderen Dimension, der Geist-Welt, als Aufgabe, als Geschenk, Gnade, Freude, als das einzig wichtige »Hier-und-Jetzt«.

Viele Menschen kennen den Augenblick gar nicht als das, was er ist: das große Geschenk, das es anzunehmen gilt. Viele, besonders Ältere, leben in dem, was sie als Vergangenheit bezeichnen und an das sie mit Emotionen sich erinnern. Andere, besonders Junge, leben in der Zukunft: »Wenn ich groß bin, wenn ich reich bin, berühmt...«. Andere fürchten sich vor der Zukunft: »Wenn ich alt bin, krank, einsam, wenn ich sterben werde... «

Sie alle leben in der Illusion von der Zeit als einer Wirklichkeit, die war und sein wird. Aber es gibt nichts Greif- und Meßbares, es gibt nur das Fließen des lebendigen Lebens, unaufhaltsam. Immer ist Vergangenheit und Zukunft zugleich, denn das Leben *ist*. Es ist immer da, es fließt an uns vorüber, es fließt durch uns hindurch. An uns liegt es, den Chronos als Kairos zu erkennen, als das immerwährende Angebot des Lebens, das NU zu erleben. Wer den Augenblick als das NU erkennt, macht aus der quantitativen Zeit eine qualitative, und wer das schafft, erfährt, was Leben *ist*: Da-Sein im Augenblick.

20. Oktober 1995 *Luise Rinser*

Das grosse Ganze

ICH STECKE EINE EICHEL IN DEN ERDBODEN. Hundert Jahre später ist sie zu einem Baum geworden. Wie geht das denn, daß aus der trockenen kleinen Frucht ein großer Baum wird, der wiederum Hunderte von kleinen Früchten trägt, die, in die Erde gesteckt, zu Bäumen werden?

Das Wunder: die große Eiche ist in der kleinen Eichel enthalten. Im Kleinen ist das Große. Im Teil ist das Ganze. Es gibt nur Ganzes. Der Unterschied liegt im Grad der Entwicklung. Das Ganze des Universums ist enthalten in einem einzigen Wort: »Es werde«. Es gibt nichts, was etwas anderes wäre als das entfaltete Wort. Alles war und ist zuerst Geist, aus dem Materie wird, und was als Materie erscheint, ist ein geschlossenes Ganzes. So auch die Menschheit. Wir erscheinen als einzelne, jeder für sich, aber es gibt keinen einzelnen, es gibt nur das Ganze der Menschheit, und jeder einzelne existiert nur als Teil des Ganzen. Das Ganze ist die Menschheit, erscheinend in jedem einzelnen. In jedem einzelnen Geschöpf ist das gesamte Universum. In jedem einzelnen Menschen ist die universelle Gottheit.

ICH HATTE ALS VERMUTLICH ZEHN-JÄHRIGE GEHÖRT, daß sich die Erde um die Sonne bewegt. Das war mir neu, und es gefiel mir nicht. Ich konnte gut verstehen, warum die Kirche sich aufregte über Galileis Ansicht. Es kam mir entwürdigend vor, daß der Mensch ganz gegen seinen Wunsch und Willen einer unaufhaltsamen Bewegung ausgesetzt war. Ich wollte das nicht mehr mitmachen, ich wollte aus dem Karussell aussteigen. Aber wie?

Vielleicht mußte das Karussell angehalten werden. Wenn alle Leute sich an einem Platz versammelten und sich gegen die Bewegung stemmten, so müßte der Druck zumindest eine Verlangsamung bewirken. Es müßte nur noch ein starker Sturm von Westen kommen, ein so starker, wie es ihn noch nie gab, und der müßte so auf die Erdkugel drücken, daß sie stehenblieb. Ganz einfach. Ich wollte es einmal ausprobieren. Freilich würde meine körperliche Kraft nicht ausreichen, aber ich glaubte an die Wunschkraft, und die war stark bei mir. So ging ich denn eines Tages auf eine einsame Waldwiese. Ich sehe mich dort stehen im prallen Sonnenschein am Mittag im Hochsommer, meinen Schatten aufmerksam beobachtend. Ich hatte ja gelernt, daß man die Bewegung der Erde ablesen könne an der Veränderung des Schattens. Nun, mein Schatten war ganz kurz. Das war günstig für mein Vorhaben. Ich sammelte alle meine Gedankenkraft zu der wahnwitzigen Beschwörung meines Schattens: »Bleib so, bleib so, steh still, Erde, steh still...« Sieh da: mein Schatten, bei höchstem Sonnenstand fast ein Kreis, lag still unter meinen Füßen, die ihn festhielten. Lange lag er still.

Triumph, Triumph! Die Erde stand still. Es war möglich, sie anzuhalten! Eine prometheische Ekstase erfaßte mich. Ich tanzte vor Freude wie ein Derwisch. Aber man darf ein Zauberwerk nie voreilig abbrechen: mein Schatten hatte sich mein Nachlassen der Wunschkraft während des Tanzens zunutze gemacht und sich wieder in Bewegung gesetzt. Es half nichts mehr, daß ich ihn wieder mit den Füßen festhielt, er entwuchs unaufhaltsam nach Osten.

Nun gut, ich hatte ja nur einen Versuch machen wollen, und der war gelungen.

Jetzt kam es darauf an, viele Menschen davon zu überzeugen und mit ihnen zusammen den Versuch zu erneuern. Es müßte doch ein allgemeines Interesse vorliegen, sich von dem Automatismus dieses Herumgedrehtwerdens zu erlösen. Ich fand außer bei meiner Freundin Franziska nirgendwo Verständnis, ich kleine Weltrevolutionärin, die erst Jahrzehnte später verstehen lernte, daß zwar niemand den Lauf der Welt anhalten kann, daß es aber möglich ist, abzuspringen, ohne die Erde zu verlassen.

DAS IST MEINE SCHICKSALSFIGUR: Ich will immer das andere. (...) Noch genauer: ich will alles zugleich. Ich will das Universum im Jetzt und Hier, in einem einzigen Punkt. Mir ist nicht zu helfen.

WARUM EIGENTLICH BESTEHEN DIE CHRISTLICHEN THEOLOGEN so streng auf der These, Gott sei eine »Person«? Warum legen sie ihn und sich auf etwas fest, was doch gar nicht in Begriffe einzufangen ist? Gott ist Person, Gott ist Energie, Gott ist unendliche Bewegung. Er ist *das Sein.*

HEUTE LEBE ICH IN ALLER SELBSTVERSTÄNDLICHKEIT mit dem Wissen von der Einheit von Geist und Materie, die in stetem Flusse lebt. »Alles fließt.« Alles wandelt sich, alles kann so oder so sich zeigen. In meinem ersten Buch, *Die gläsernen Ringe*, schrieb ich in dem Kapitel *Die Lilie* über Fronleichnam: »Ich hatte in der Religionsstunde gelernt, daß das Fest für Gott war, um ihn im *Sakrament des Altares* zu ehren. Das *Sakrament*, das war das funkelnde, zart verschleierte Goldgehäuse, das der Priester trug. Darin, so hatte man mir gesagt, war Gott. Es schien mir keineswegs verwunderlich, daß Gott sich in einem so kleinen Brote verbarg. Auch in den Märchen geschahen derlei Verwandlungen... Auch die so harmlos aussehenden Dinge, Pflanzen, Tiere und Menschen, die täglich mich umgaben, besaßen die verwirrende Fähigkeit zu täuschen... Keine Form war ein für allemal festgelegt, jedes Ding besaß vielerlei Gestalt, nichts war sicher, endgültig, einfach. Wenn solcher Spuk geschehen konnte, dann war es auch möglich, daß Gott sich in Brot verwandelte...«

Solcherart war der Katholizismus, in dem ich aufwuchs. Ich glaube an Wunder, weil ich an Verwandlungen glaube; mit anderen Worten: an die mögliche Materialisierung geistiger Entitäten oder Ideen, und an die Rückverwandlung von Materie in Geist.

EIN MENSCH, DER ALS KIND UNTERDRÜCKT WAR und zugleich gesagt bekam, Gott sehe alles und strafe und belohne, der wird sich einen autoritären Gott vorstellen und ihn ablehnen. Ein Mensch, der geliebt wurde und sich darum in der Welt geborgen fühlt, wird es leicht haben, sich Gott als einen Liebenden vorzustellen und ihn wiederzulieben. Ein Mensch, der als Mathematiker gewöhnt ist abstrakt zu denken, wird sich gar keine Vorstellung von Gott machen und ihn gerade so, als abstrakte Größe, akzeptieren. Und so fort. Ist eine dieser Vorstellungen wahr? Nein, in bezug auf das, was Gott selbst ist, nämlich: der absolut Unerkennbare; ja, in bezug auf das Verhalten des jeweiligen Menschen zu diesem Unerkennbaren.

WIDERSPRÜCHE SIND ETWAS SCHEINBARES; Aussagen widersprechen sich nur dann, wenn man sie für absolut hält statt für relativ. Wenn wir diese Denkmethode auf unser Verhalten zu den Mitmenschen und ihren Meinungen anwenden würden, wären wir nicht nur toleranter zueinander, sondern wir kämen der Wahrheit viel näher, und letzten Endes träfe sich das liebevollere Verhalten mit der hohen Erkenntnis dessen, daß Wahrheit Liebe ist und Liebe *die* Wahrheit.

WEISST DU, WAS DEN MENSCHEN (IN DER DDR) AM MEISTEN HALF? Meine Rede davon, daß *Gedanken* eine konkrete physisch-geistige Macht sind und daß man mit ihr Zustände verändern kann ohne Gewalt.

MEINE ÜBERZEUGUNG: die Welt *ist* nicht; man schafft sie sich; jeder schafft sie sich nach seinen Vorstellungen, nach seinen Ängsten und seinen Hoffnungen.

DER MENSCH WEISS, DASS ER BEINAHE NICHTS WEISS. (...) Er weiß, es gibt ein Universum an »Wissen«, das ihm nicht (noch nicht) zugänglich ist. Dieses Wissen vom Nicht-Wissen oder Noch-nicht-Wissen ist das umfassendste Wissen, das es gibt.

WARUM NEHMEN WIR NICHT AN, daß wir Menschen (...) in einen Prozeß eingefügt sind, der auf einer höheren Ebene vor sich geht und den wir nicht (noch nicht) verstehen, so daß das, was uns widerfährt, nicht aus dem »blinden Schicksal« kommt, sondern aus einem hohen Sinn?

ICH BIN TIEF EINVERSTANDEN MIT DER WELT; tief einverstanden also bin ich mit Gott, dem so viel eingefallen ist: der potenteste aller Künstler, aller Wissenschaftler. Das imponiert mir am meisten an Ihm: seine Verschwendungssucht, seine völlige Souveränität, seine Phantasie, sein Alles-Sein. Ich liebe Ihn um dessentwillen. Seltsam diese Entwicklung: als Kind liebte ich Christus in der Eucharistie am meisten, dann Gott-Vater als Vater, dann wieder Christus, dann plötzlich den Heiligen Geist, und jetzt wieder Gott als den *Schöpfer*, den grandiosen, sozusagen »beziehungslos« ihn bewundernd, – ihn liebend, auch wenn er sich gar nicht um mich kümmern würde, – ich liebe Ihn *um seinetwillen*, hingerissen.

DAS GANZE, immer das Ganze muß man sehen; und nicht groß genug kann man sich dieses Ganze, das eine einzige Ganze, denken.

IMMER WIEDER BIETET MAN DEM ANDERN den Becher erfahrenen klaren Wissens, aber der andre weist ihn zurück, schüttet ihn aus, will selbst aus der Quelle schöpfen, will selber sich in die Brennesseln knien und den Biß der in der Brunnenkresse verborgenen Schlange erleiden. Nicht einmal die eigenen Kinder, gerade sie nicht, nehmen den gefahrlosen Trank aus den Händen der Eltern, sie ärgern sich über die dumme gute Absicht, und bestenfalls lächeln sie über uns, so wie wir verärgert gelächelt haben eine Generation früher, und das alles ist recht so, was wären das für Kinder, die sich Angst machen ließen vor dem Leben.

»ICH VERSUCHE NICHT MEHR, MICH GEWALTSAM ÄNDERN ZU WOLLEN.«

Das heißt also, daß Sie aufgeben, vorwärts zu kommen. Und was soll dann geistig, menschlich, überhaupt aus Ihnen werden? Sie haben sich leidlich behaglich in sich selber eingerichtet und lassen's dabei. Nun gut. Das bedeutete, daß Sie bleiben, wie Sie sind. So wie es eben die meisten Leute machen: sie geben auf. Ist Ihnen das klar?

Jedermann muß eben gerade bei *seinem* Punkt ansetzen, um das *Ganze* seiner Person zu entwickeln. Man muß sich selbst *über*fordern, damit man etwas wird.

WAS ICH WEISS, jetzt weiß, endlich, nach einem heftig und schmerzhaft gelebten Leben: daß es beinahe gleichgültig ist, ob einem etwas wehtut oder wohl, gleichgültig, weil es ein Drittes gibt, das mehr ist, das beides einschließt, in der Waage hält, so daß keins mehr ins Gewicht fällt, keines mehr recht zu spüren ist als das, was es früher zu sein schien, sondern ein Neues, dessen Wesen das Schwebende ist, sacra indifferentia, Altersweisheit, nicht mitteilbar dem, der es noch nicht aus sich selbst weiß, Heiterkeit dessen, der immer aufbricht und im Aufbruch schon ankommt, der, immer unterwegs, auf fremden Schwellen zu Haus ist, an keiner Wegkreuzung mehr zögert, in jeder Richtung heimkommt, weil überall Heimat ist, der Tag und Nacht Fenster und Tür offenläßt, weil niemand ihm rauben kann, was er nicht gerne gäbe, der im Geben alles zurückerhält und vieles dazu, der Leben und Tod nicht mehr unterscheidet.

ES GIBT AUGENBLICKE, da man schlechthin *lebt* und darin glücklich ist, einfach seiend, und das ist gar nicht nur »naturhaft«, vegetabilisch oder wie man sagen will – es ist genuin religiös, denn das Leben, das man fühlt und *ist*, das ist eben das *Ganze* des Daseins und also Gott, darum auch ist man *restlos* glücklich dabei. (Wäre es nicht Gott, bliebe ja die Schwermut des *Teil*-Erlebens.)

ES IST ALLES AUFBEWAHRT IM GEDÄCHTNIS DER MENSCHHEIT: alle Ur-Ängste, alle Paradiesfreuden, alles Wissen vom göttlichen Ursprung, alles Sich-bedroht-Wissen von der Nachtseite des göttlichen Seins.

DAS LEIDEN AN DER WELT LÄSST UNS AUFBLICKEN. Wohin? Zur erhöhten Schlange, zum Kreuz. Das Kreuz als *das Absurde* ist das Zeichen des Geistes. Wer das Kreuz (Sinnbild des äußersten Leidens an der Welt) nicht mehr sehen will, der hat aufgehört, sich geistig zu entwickeln, der geht den Krebsgang. Aber man muß vorwärts gehen. Das ist man nicht nur einfach sich selber schuldig, sondern der Menschheit. Eben fällt mir ein Satz von Meister Eckehart ein: »Das schnellste Pferd, das einen zur Vollkommenheit trägt, ist der Schmerz.«

DAS GANZE DER WELT und des Seins ist nicht nur Finsternis, sondern auch Licht, es ist Schuld *und* Gnade, Tod *und* Leben – eines nicht ohne das andere zu denken.

ICH DENKE SEHR OFT AN DEN TOD, ich möchte sagen: ich lebe mit dem Tod. Man soll an den Tod denken, sich mit dem Sterben vertraut machen. Im Sterben – also wenn die Herz- und Gehirntätigkeit aufhört, vollzieht sich die Umwandlung unsrer selbst. *Aufhören* werden wir nicht, das ist sicher.

ES BEWEGT MICH, vor Augen zu haben, wie alles Lebende sich wandelt. Der Tod: nichts als Verwandlung. Etwas wird geopfert, damit Neues wird.

ICH ERINNERE MICH DER GESCHICHTE EINES ALTEN WEISEN, der nie sein Haus verließ, jeden Staatsposten und jede Ehrung ablehnte, jedes Geldgeschenk zurückwies, kein Buch schrieb, seinen Garten pflegte, Fische fütterte und zu dem die Menschen kamen und ihn in ihren weltlichen und geistigen Anliegen um Rat fragten. Es zeigte sich, daß der alte Weise, der nie sein Dorf verlassen hatte und nichts las, das Treiben der Welt kannte und allen Besuchern raten konnte. So lebte er sein Leben. Er *lebte* es. Er lebte glücklich. Er wußte das große Geheimnis.

UNSERE SEHNSUCHT. Meine Ferienlektüre: Hegels *Vorlesungen über die Philosophie der Geschichte.* Einiges daraus notiert: Der Sündenfall ist die Entzweiung des Menschen in Natur und Geist; die Sehnsucht richtet sich auf die Versöhnung des Entzweiten.

Vorderhand bleibt das Gefühl des Schmerzes über die Entzweiung. Der Mensch muß einsehen lernen, daß er in sich selbst das Getrennte und Entzweite ist, woraus all sein Unglück kommt. Der Sündenfall (eben jene »Entzweiung«) ist aber der ewige Mythos des Menschen, wodurch er Mensch wird. (Die »Natur«, so denke ich weiter, kennt diesen Schmerz nicht, er ist einzig dem Menschen bekannt – und ihm wesentlich.)

Hegel deutet das Wort Gottes, das er nach dem Sündenfall spricht, »Jetzt ist der Mensch geworden wie unsereins«, als den großen Vorausgriff auf die Erlösung, auf den Christus. Ich denke weiter: durch die Entzweiung entstand die Dialektik, durch sie entstand der Schmerz, durch ihn die Sehnsucht, und hier treffe ich auf Hegels Wort von der »unendlichen Energie der Sehnsucht«. »Der unendliche Verlust« (nämlich der paradiesischen

Einheit von Natur und Geist) »wird nur durch seine Unendlichkeit ausgeglichen und dadurch unendlicher Gewinn.«

Das Wort von der unendlichen Energie der Sehnsucht ist *das* Hoffnungswort für uns, die tödlich Gefährdeten.

BISWEILEN ÜBERFÄLLT MICH IRGENDWO ETWAS UNNENNBARES und läßt meinen Schritt anhalten. Es muß nicht etwa eine Kreuzung von Wasseradern sein, wo sich Erdkräfte sammeln und verstärken. Es kann irgendeine Stelle sein, an der mich etwas Ur-Ur-Altes anrührt. Von alten Bäumen kommt mir öfters ein geheimer Zuruf. Tiere kennen solche Stellen. Wenn sich Katzen oder Hunde einen Schlafplatz suchen, wählen sie geradezu zeremoniell einen »aufgeladenen« Ort.

Ich habe mehrere heilige Orte erlebt, und sie hatten mit dem Katholizismus nichts zu tun: der Tempel des Asklepios in Griechenland, wo ich ein heidnisches Wunder erlebte: die schlagartige Heilung meiner hartnäkkigen Gallenkolik. Ein anderer heiliger Ort: eine Tempelruine auf dem Alto Piano in Bolivien, da überlief es mich kalt und heiß, da war »etwas«, das mich anrief. Oder im Fernen Osten im Zen-buddhistischen Kloster Nara, wo ich fühlte: *Numen adest*: da ist Heiliges anwesend. Oder am See Kinareth in Israel: da lag noch nach zweitausend Jahren die Kraft des Göttlichen über dem Wasser, über das der Heilige gegangen war. Oder im Kloster Sagorsk bei Moskau: da war die Ur-Energie schier zum Greifen. Oder, fern von Kultstätten: auf Berggipfeln, auf der Spitze des heiligen Dreiecks der Alpspitze, überhaupt auf Bergspitzen, in welchem Kulturbereich auch immer. Oder am Ort meiner Kindheit: Wessobrunn, an den »Heiligen Quellen«. Oder auf einem alten Friedhof in Süd-Irland. Oder auch an durch nichts Besonderes ausgezeichneten Orten.

Das alles hat mit dem Katholizismus von heute nichts zu tun, aber der Katholizismus hat in seinem kollektiven Unbewußten das urreligiöse Gefühl für heilige Orte bewahrt. Daß in Kirchen der Altar nach Osten gerichtet sein muß, hat mit Theologie nichts zu tun, es ist ein Rest des Sonnenkults. Das *Ex oriente lux* ist eine Interpretation, kein Glaubenssatz. Katholiken haben sich ein heidnisches, vielmehr archetypisches Wissen bewahrt. So weiß jeder Priester, daß jede Bewegung seiner Hände und Finger eine besondere Bedeutung hat, genauso, wie die hinduistische und die afrikanische Tänzerin es weiß. Wenn wir nur endlich die tiefe

Verwandtschaft aller religiösen Kulte und religiösen Vorstellungen erkennten! Tief, sehr tief in uns allen »schläft der Gott«, sagen die Indianer.

ALLES, WAS IST, LEBT. Leben ist geheimnisvoll. Man weiß bis heute nicht, was es ist. Man kann mit Hilfe *schon vorhandener* chemischer Stoffe »Leben« erzeugen, aber das Leben war ja schon vorher in diesen Stoffen. Was ist Leben? Die Biologie, die Chemie usw. wissen keine Antwort. Wir Gläubigen *aller* Religionen ahnen, was es ist: es ist das, was der Schöpfergott der Schöpfung (dem *Adam*) einhauchte. Der *Odem*. Das ist also Hauch vom Hauch Gottes. Gottes Atem. Der Atem ist mehr als eine Luft. Im Griechischen heißt Atem Pneuma, das heißt Geist. Also: Gott gab dem Menschen Geist von seinem Geist, also göttlichen Geist. Der bewirkt das biologische *und* das geistige Leben (beides ist nicht zu trennen, solange der Mensch auf dieser Erde ist). Da wir göttlichen Geist haben, sind wir direkte Kinder Gottes und haben die Möglichkeit, Götter zu werden (nicht Gott, der *Eine*, der ist ein-malig, aber Götter. Das steht sogar im Evangelium bei Paulus). Dazu kommt noch die Inkarnation des ewigen Christus im Menschen Jesus: als der Christus als Jesus geboren wurde, ging er in einer

Erdhöhle (die Ställe waren Höhlen) aus der Uterus-Höhle hervor und er ging wieder, gestorben, in die Erdhöhle des Grabes hinein.

Jesus Christus hat sich ganz und gar mit unserer Erde und also mit uns verbunden, die wir ja Teile der Erde sind in jeder Hinsicht – aus den gleichen Stoffen, nach den gleichen Gesetzen. Wir haben den Christus in uns, als den Vater-Geist *und* den Sohn-Geist: das ist der Heilige Geist, der Geist der Liebe.

Darum ist der Mensch, *jeder* Mensch, etwas so unendlich Großartiges, Wertvolles, Schönes – und das kann nur zerstört, aber nicht zer-*nichtet* werden. Ein Rest bleibt in *jedem* Menschen. Jeder behält sein göttliches Teil, das ist ihm nicht wegzunehmen.

ES GIBT KEINE GEGENSÄTZE, sondern nur Polaritäten. Ein Magnet ist ein einziger, er hat aber zwei verschieden geladene Pole. Aber als *einer*! In *einer* Perle spiegeln sich *alle*. Die Dinge im Makrokosmos sind *eins* mit denen im Mikrokosmos. Wenn ichs nur allen mit-teilen könnte, daß sie meine Erkenntnis teilten!

Eine Wahrheit – Viele Wege

WAS IST WAHRHEIT? Uralte Frage. *Die* Frage. Beginn aller Philosophie und Ursache vieler Kämpfe und blutiger Kriege.

Was ist denn das, wonach so beharrlich und verzweifelt gefragt wird?

Wir kennen das Erfragte als Pilatusfrage aus dem Johannes-Evangelium. Man hatte Jesus gefangen und vor Pilatus, den römischen Statthalter in Judäa, geführt. Die Anklage von seiten der Juden: »Dieser Jude Jesus behauptet, König der Juden zu sein.« Welches Mißverständnis. Nie hat Jesus von einem weltlichen Königreich geredet, dem er vorstehe. Er sprach vom Reich des Geistes, das keine Grenzen kennt. Pilatus, verhetzt von seinen Widersachern, wiederholt seine Frage an den Angeklagten: »Du bist also ein König?« Jesu Antwort ist indirekt: »Ich bin gekommen, um Zeugnis von der Wahrheit zu geben.« Von welcher Wahrheit? Er sagt es nicht. Pilatus hält die Antwort, falls sich nicht ein subversiver politischer Anspruch darunter verbirgt, für einen jüdisch-spirituellen Unsinn. Er zuckt die Achseln und überläßt die lästige Angelegenheit den Juden. »Was ist Wahrheit?« fragt er mit der Skepsis des aufgeklärten Römers. Aber die Frage bleibt offen. Pilosophen, Theologen, Laien stellen sie jederzeit aufs neue. Was eigentlich wollen sie denn wissen? Letzten Endes nichts anderes als den geistigen Ort, an dem der Mensch (die Menschheit) lebt zwischen Herkunft und Hingang, und was für einen Sinn dieses Kommen und Gehen hat. Die Fragenden finden Antworten, verkünden sie als allein-gültig, entfachen Streit und Krieg, geben neue Antworten, die von den anderen verworfen werden, und die Kette reißt nicht ab. Immer aufs neue wird gefragt: »Was ist Wahrheit?« Hundert Antworten, hundert Wege, Umwege, Irrwege: so denkt sich die Menschheit voran und findet kein Ziel und weiß nie mehr als ein Kind weiß: Die Wahrheit ist, daß ich *da* bin, weil ich *da* bin, und mein Da-Sein ist die Antwort auf die Frage nach dem Sinn und der diesem Sinn innewohnenden Wahrheit.

Mehr werden wir nie wissen.

ICH BIN UNFÄHIG ZU HALBHEITEN. Wo meine Erkenntnis ist, da ist mein Herz, und wo mein Herz ist, da bin ich ganz und gar, und da handle ich nach diesem Herzen und seiner Erkenntnis.

ICH GLAUBE NICHT, daß man jemals »die Wahrheit *hat*«, man ist ihr immer nur auf der Spur.

MAN FINDET ALLES AUF ALLEN WEGEN, wenn man diesen Weg (jeder den seinen) wirklich bis zu Ende geht.

ANGST IST DER GRUNDTON *aller* Menschen in unseren Tagen, nur verdrängen viele ihre Angst und überspielen sie mit Arbeit, Arbeit, Arbeit. Aber *da* ist sie. Kein Wunder. Sie kommt hoch, wenn man einmal ohne Arbeit ist. Sie kommt in unserer Zeit kollektiv hoch, weil wir alle wissen, daß es »so nicht weiter geht«. Es beginnt eine Epoche des Innehaltens, der Reflexion über »alles«, über den Sinn des Daseins überhaupt. Das ist gut so.

EIN BISSCHEN LEID TUT ES MIR IMMER, wenn jemand den Sprung ins Geistige nicht schafft. Aber jeder hat sein Schicksal – und jedes Schicksal hat überraschende Wendungen.

WIR ALLE, SOFERN WIR »ECHT« SIND und aufgerissenen Geistes und Herzens, sind auf der Suche nach neuen, der Wahrheit näherkommenden Vorstellungen. Sie brauchen keine Angst zu haben, wenn Ihnen der Kinderglaube abhanden kommt. Das ist recht so. Aber werfen Sie damit nicht *alles* beiseite, was dazu gehört. Denn wir können die großen Wahrheiten ja doch nur in *Bildern* begreifen.

Die Frage ist: ob wir persönlich fortleben oder ob wir eingehen in den großen Fond an Kraft und Stoff, also zurückfallen – oder vorwärtsfallen – in Gott, so wie ein Wassertropfen, vom Meer aufgenommen, kein Tropfen mehr ist, aber im Meer weiterexistiert.

DAS TIEFSTE LEIDEN DER HEILIGEN liegt darin, trotz eines alleräußersten Angestrengtseins immer noch unendlich weit vom Ziel sich zu wissen und niemals dem absoluten Anspruch Gottes und der eigenen Seele zu genügen.

MAN DARF SICH SICHER DIE EKSTASE DER HEILIGEN, die *echte* Ekstase, die *rein* ist von Hysterie, vom Wunschtraum, von Sexualität auch (denn die spielt sicher eine Rolle bei vielen) nicht als *Rausch* vorstellen, als Benebelung, als Wollust sublimer Art. Es ist sicher eine ganz große ruhige Klarheit: Es ist Feuer *im Kristall*, und der Intellekt ist *mit* dabei, nicht ausgeschaltet. Überhaupt meine ich, daß der Intellekt zu unrecht als *zweitrangig* bezeichnet wird. Er ist ebenso erstrangig wie das Gefühl. Bisweilen meine ich, daß der Intellekt *mehr* ist als das Gefühl, aber de facto ist sicher beides *eins*, dort, wo der Mensch heil ist (heilig).

ES GIBT INNERHALB DER MÖGLICHKEITEN des Menschen den mittleren und den hohen Weg. Und ich bedauere, wenn einer, der begonnen hat, den hohen Weg zu gehen, stehenbleibt und zurückkehrt auf die andere Ebene. Aber: höchste Pflicht ist für jeden, *seinen* Weg zu finden und zu gehen.

IN DER ZUWENDUNG ZUM VOLLKOMMENEN liegt, wenngleich sie noch Schmerz ist und immer mit Schmerzen verbunden sein wird, bereits Seligkeit.

ALLES IST WAHR, WAS IST, und man weiß alles, d.h. man weiß nichts. Und das ist dasselbe. Das Zusammenfallen aller Gegensätze in Gott ist mir plötzlich existentiell »greifbar« geworden dank der Erfahrung der *Wahrheit*, daß alles wahr ist, was ist.

MEIN GEWISSEN, das ist meine Geistperson, die eine Weile mit diesem meinem Leib und dieser Seele zusammenhaust, aber immer *mehr* ist als das, als was ich erscheine. Und diese Geistperson ist mein Ewiges Selbst.

IN EINE ENGE VERBINDUNG ZU GOTT ZU KOMMEN, bedeutet, in einer einzigen Anspannung zu ihm hin zu leben. Meine so lange und so hartnäckig verteidigte Freiheit, sie ist dahin. Dieser neue Zustand ist eine beängstigende Wirklichkeit. Ich bin tief befremdet. Ich bin mir selber fremd, so, als hause ein anderes Wesen in mir, ein mir noch unheimliches. Nichts von der Süßigkeit einer jungen Liebe, ach! Gott ist groß und heftig und will mich ganz.

NATÜRLICH BETE ICH. Welch anderes Mittel hätte ich denn, um Gott zu bewegen, sich meiner zu erinnern?

Welcher Irrtum, zu glauben, daß Beten gleich Bitten sei. Man darf wohl bitten und klagen vor dem, der die Tränen zu trocknen und jedem aufzutun verspricht, der anklopft. Doch erscheint es mir nicht nobel, nicht würdig, allzu viel zu bitten und zu klagen. Ich setze vor Klage und Bitte die Anbetung. Man kann erfahren, daß in der reinen Anbetung die Klage hinschmilzt und versickert wie Schnee zwischen Frühlingsgras und daß die Bitte erfüllt ist, ehe man sie auzusprechen begann.

Wer allzu beharrlich sein Geschrei gegen die Klagemauer wirft, wird nie die Antwort dessen hören, zu dem er schreit.

MEIN VERHALTEN WÜRDE SICH NICHT ÄNDERN, gäbe es keinen Gott, wohl aber mein Leben: es verlöre seinen eigentümlichen Glanz.

ICH DENKE, DASS GOTT SICH IMMER WIEDER NEU OFFENBART, jedem Volke (und jedem Menschen) *so*, wie es ihm adäquat ist. Und, so frage ich: Warum sollten wir Christen *die* Wahrheit wissen? Genügt es nicht, zu glauben, daß uns Gott *viel* geoffenbart hat durch Christus? Ist das Christentum die (bis jetzt) höchste Form der göttlichen Offenbarung? Woher haben wir die Sicherheit?

ICH LIEBE ES SEHR, ZU DENKEN, ZU FÜHLEN, wie man alles, wirklich alles besitzt, das ganze Land zwischen Anfang und Ende und die Ewigkeit noch dazu, die durch alle Poren eindringt ins Gegenwärtige.

DASS WIR WEITERLEBEN NACH DEM STERBEN, ist evident. Über das *Wie* aber kann man seine Vorstellungen spielen lassen. Ich für mein Teil lebe so, als lebte ich ewig, von Herkunft zu Hinkunft.

ICH HABE BEGRIFFEN, daß ich wieder einmal zu einer Verarmung gezwungen, nein: erzogen worden bin. Ich lege ein Theaterkostüm ab. Indem ich dieses Kostüm ablege, entkleide ich auch die andern, meine Mitmenschen. Sie merken es nur nicht. Ich entkleide sie nicht, um sie zu demütigen, sondern um unter den Kostümen die Menschen zu finden und zu erkennen. (...) Wie gut steht den Menschen die Wahrheit ihrer Not und ihr Angewiesensein auf Liebe. Ich sage nicht: auf Mitleid, sondern: auf Liebe. Warum eigentlich hängen wir so an unserm Theaterkostüm? Warum plustern wir uns auf zu Imponierstellungen wie Tiere, die voreinander Angst haben und den andern (und sich selber) vormachen, sie seien stark und schön und unbesiegbar? Warum dieses atavistische Spiel? Warum zeigen wir nicht einander unsere Schwäche, unsere Läuse, unsere eitrigen Wunden, unsre Ängste, unsre Todesfurcht? Wie einfach wäre plötzlich alles. (...)

Ich, ein Mensch, du, ein Mensch, was ist das: eine Gefährtenschaft, ein Bündnis, ein Halt, ein Schutzwall gegen das Nichts. Aber wie verhalten wir uns? Wir lügen einander vor, wir seien tapfer, schön, stark, tugendhaft, ganz auf der Höhe. Ich vermag weder mich noch die andern so zu sehen. Ich sehe uns in unsrer Armut, und diese Armut ist schön und wahr. Um zu dieser Einsicht zu kommen, muß man einen Todesweg gehen. Jedoch: es lohnt. Im Älterwerden sieht man den Sand durchs Stundenglas rinnen, aber man darf auch sehen, wie das, was sich in der untern Hälfte sammelt, einen Glanz erhält, den es in der obern nicht hatte. Die Freude, die lang chiffriert gebliebene Botschaft endlich entschlüsselt zu haben, wiegt alle Mühe des Lebens auf.

WENN ICH DIR UND ANDERN MENSCHEN NUR BEIBRINGEN KÖNNTE, wie leicht es ist, »Gott« zu begegnen, wenn man ihn in Ruhe wirken läßt. Aber – alles ist Erfahrung.

MIR WIRD HEISS VOR LIEBE zur geschaffenen Welt, und dann wird mir kalt vor Angst, ich könnte eines Tages wählen müssen zwischen Schöpfer und Geschöpf.

IN MEINEN KLARSTEN, HELLSICHTIGEN AUGENBLICKEN weiß ich, daß ich solange leben muß, bis ich das bin, was ich als Idee in Gott war und bin. Da ich dies in einem, in diesem Leben nicht erreiche, und da ich es erreichen *soll*, brauche ich mehr als *ein* Leben.

DER TAOISMUS LEHRT MICH den Bogen spannen zwischen den Widersprüchen, die sich als fruchtbare, notwendige Polarität erweisen. Tag ist nicht Tag, wenn nicht Nacht ist, Leben ist nicht, wenn es nicht den Tod gibt, das Gute ist nicht das Gute, wenn es nicht das andere gibt, das wir das Böse nennen... Der Wolf als Inbegriff des Bösen: er treibt sich in diesem Leben selbstverständlich umher, mit ihm muß man rechnen, ihn gilt es einzubeziehen in der großen Erfahrung eines wahrhaft dynamischen Lebensprozesses.

ICH HABE IN JAHRZEHNTELANGER HARTER ARBEIT GELERNT, mit der Sprache umzugehen. So wie einer, der Zeichnen gelernt hat, mit einigen sicheren Strichen etwas zeichnen können muß, so muß ein Schriftsteller »formulieren« können. Glauben Sie mir: dieses Können ist mir selbst verdächtig. Ich finde mich tatsächlich manchmal dabei, daß ich aus purer Freude am Können etwas formuliere, ohne daß ich das erprobt habe, ich meine, ohne daß ich es der höchsten Instanz, meinem intellektuellen und moralischen Gewissen (das deckt sich) vorgelegt habe. Es kommt immer häufiger vor, daß mich die Sprache beim Sprechen stört, sogar beim Denken. Manchmal merke ich, daß ich nahe daran bin, etwas Wesentliches zu begreifen, wortlos, sogar bildlos, und plötzlich zwingt mich mein Schriftsteller-Dämon, zu formulieren, ehe ich völlig begriffen habe. Oder ich habe begriffen, und indem ich formuliere, merke ich, daß ich das Erkannte gar nicht wirklich sagen kann. Oft scheint es mir sicher zu sein, daß die Sprache kein Kommunikationsmittel ist, sondern vielmehr ein Trenn-Mittel, und zwar trennt sie Mensch und Mensch, sie trennt Mensch und Gottheit. Ich kann mir gut denken, daß ich, noch älter geworden, schweige. Schon jetzt erlebe ich am meisten (tiefsten), wenn ich mit einem Menschen zusammen schweige. Aber vorläufig brauche ich das Wort noch, und es scheint, als meinten andere Menschen, mein Wort zu brauchen. Also lebe ich im Konflikt zwichen dem Wunsch nach Schweigen und der Lust am Wort. So ist das eben. Wir leben alle mit unserem Widerspruch.

DIE MENSCHEN UNSERER ZEIT LEIDEN DARAN, daß es keine geschlossenen Denk- und Glaubenssysteme mehr gibt. Das Überangebot an Informationen und Meinungen erweckt eine tiefe Unsicherheit, die leicht zur existentiellen Angst wird und zu Neurosen und Psychosen führt. Daher die wachsende Zahl der Patienten, welche einen Psychotherapeuten braucht. Der Philosoph Kierkegaard schrieb schon im vorigen Jahrhundert, vorausschauend, es sei ein Zeichen geistiger Gesundheit, in Widersprüchen leben zu können. Ich möchte den Satz erweitern: wir können dann in Widersprüchen leben ohne wahnsinnig zu werden, wenn wir erkennen, daß es gar keine Widersprüche gibt insofern, als Widersprüche nur Schein-Gegensätze sind, entstehend aus dem Irrtum, Teilansichten von einer Sache als *die* Wahrheit über diese Sache zu nehmen. Es ist die tiefste Erkenntnis, die einem Menschen zuteil werden kann, zu begreifen, daß alle Widersprüche auf einer höheren Ebene sich »vermählen«.

ES GIBT NUR EINE WAHRHEIT, aber wir gehen verschiedene Wege, um sie zu finden. Ein alter indischer Spruch lautet: »Alle Wege, wenn sie nur gut sind, führen zu Gott." Der Geist ist nämlich *einer.* Und die Welt ist *eine.* Und der Mensch ist nur *einer,* der Menschensohn in milliardenfacher Erscheinung.

WENN MAN RELIGION LEBT, *weiß* man sie auch, finde ich; dann braucht man nicht mehr eigens zu »glauben«. Glauben muß nur der, der schon aus dem selbstverständlichen Zusammenhang gerissen ist. Petrus brauchte nicht zu glauben, er wußte (»Du bist Christus« – »Nicht Fleisch und Blut hat dir das geoffenbart«). Thomas mußte glauben. Wir Modernen (mit Ausnahmen) müssen glauben. Das Mittelalter wußte. Die frommen Griechen wußten ihre Götter. Odysseus sprach mit Athene. Homer wußte. – Ich? Ich weiß meistens auch.

WIR ALLE, wir gehören zur herrlichen Vielfalt der Welt, und auf einmal vermag ich zu ahnen, wie das ist, daß Gott die Welt liebt.

Geborgenheit inmitten aller Gefahren

DAS WORT »GEBORGEN« scheint mit »Burg« zusammenzuhängen. In einer Burg war man geborgen vor dem Feind. Nahte Gefahr, flüchtete man in die Burg. Dort fühlte man sich sicher. Man war beschützt von starken Männern, starken Menschen, von starken Göttern, vom stärksten aller Gottheiten.

Und heute: wo ist die schützende Burg? Im Luftschutzkeller? Keine Mauer ist so stark, daß sie vor den großen Bomben schützen kann und vor Erdbeben und schon gar nicht vor tödlichen Umwelt-Giften, und keine Polizei kann wirklich vor Kriminellen schützen. Deiche und Dämme brechen trotz bester Technik. Häuser stürzen ein, Epidemien greifen um sich, neue Krankheiten treten auf, die Familien zerbrechen, und die schützenden Ideologien lösen sich auf. Mißtrauen, Aggression, Haß werden zur »normalen« Haltung.

Wo ist Geborgenheit? Vielleicht in politischen, religiösen, weltanschaulichen Gruppen? Aber auch solche Gruppen erweisen sich als unsicher.

Was nun? Steht jeder von uns »mutterseelen-allein« im Chaos? Ist nirgendwo ein bergendes Nest? Doch. Wir finden es in der Liebe. Ich sage nicht: im Geliebt-sein, ich sage: im Lieben. Bisweilen gehe ich durch Großstädte, allein zwischen fremden, kalten, abweisenden Menschen. Wie sie einander fürchten und ablehnen und als Feinde betrachten. Bisweilen gelingt es mir, jemand anzulächeln. Ein Angebot des Vertrauens. Bisweilen wird es erstaunt erwidert. Mir bedeutet es viel. Es bedeutet wortlose Sympathie mit den Menschen-Geschwistern, die so tun als lebten sie unter Feinden und gänzlich Fremden. Ich schaue sie an, und ich sehe in verdrossene, gespannte, mißtrauische Gesichter, und ich fühle, daß ich eins bin mit ihnen allen und daß wir alle uns Geborgenheit geben könnten, wollten wir es. Bisweilen habe ich das Gefühl von echter Geborgenheit unter mächtigen Flügeln schützender Geister.

AUGENBLICKE, STUNDEN, TAGE, in denen man nichts tun kann als fremden Schmerz ertragen, und, plötzlich selber rätselhaft verarmt, den letzten Vorrat an Hoffnung, den Spargroschen, zum Fenster hinauswerfen in die Nacht, nicht wissend, ob ihn einer auffängt.

ICH FÜHLE MICH IN EINEM ZUSTAND, in dem *nichts* mehr Bestand hat. Aber seltsamerweise fühle ich mich in dieser fragwürdigen Welt recht wohl. So, als würde mir zwar aller Boden unter den Füßen weggezogen, aber als könnte ich dann eben schweben, ohne Boden! Eigentlich hat man nur dann *die* Wahrheit, wenn man nichts mehr für wahr hält und nichts mehr »hat«. Das Nichts, das Alles ist.

SCHWERMUT ist das immerwährende hoffnungsvolle Leiden der Geschöpfe an der Versehrtheit der Welt und an dem Verbanntsein von der Anschauung Gottes.

KEIN LEBEN KANN SEIN ohne zumindest eine zarte, unbestimmte Spur von Hoffnung.

ES IST SICHER SO, daß die Beziehung zwischen Mensch und Gott von zwei Seiten her geführt wird, und der Partner sagt auch sein Wort! Ich habe meine schweren Krisen, aber ich bin, auf einer höheren Ebene, von neuem überzeugt, daß wir »erlöst« sind und daß wir letzten Endes geborgen sind. Wir müssen nur hoffen und lieben.

ICH MACHE VIELE BEOBACHTUNGEN AM MEER. Und *im* Meer. Eine perfekte Analogie zum »Gnadenleben«: man muß sich einfach von den Wellen tragen lassen, in ihrem Rhythmus, willenlos, sich anpassend, dann geschieht einem nichts Schlimmes. Sowie man beginnt, gegen den Rhythmus zu atmen, geht man unter. Eine *desinvoltura* braucht man da. Eine Angstlosigkeit, ein einfaches Vertrauen.

ICH BIN INMITTEN MEINER HEITERKEIT ANFÄLLIG für grundlose leichtfüßige Traurigkeiten, und plötzlich ist mir meine Arbeit überzogen mit feinem Wüstensand: warum denn arbeiten, alle Poesie und alle Wahrheit liegt im Leben, sie lassen sich nicht in Worte fangen, gehen ein beim Schreiben wie Zitronenfalter im Zimmer, oder werden häßlich, dick, räudig wie zahme Rehe im Haus. In meinem verwilderten Weinberg liegen, zuhören wie in den Wäldern bei Rocca di Papa die Kastanien fallen und wie der Wind durch die Ölbäume streicht, und die verschleierte Stimme des Freundes im Ohr, die hier hängenblieb im Weinlaub, und eine allerletzte Zikade irgendwo, und das Septemberlicht über der römischen Campagna, mit welchen Worten könnte ich dies einholen, festhalten, jemandem mitteilen, warum es dann erst versuchen; das Schönste, das Eigentliche dichtet das Schweigen.

MIT ARGEM KOPFWEH und gegen eine schleichende Depression anschreibend, fühle ich mich plötzlich auf eine mystische Art glücklich. Dieses Glück, mühsam, völlig unzulänglich, in Worte gefaßt: Triumph des Geistes über die körperliche und seelische Misere, Offenbarung einer höheren Überwinderkraft. Erfahrung des Aufspringens der Ich-Kapsel (*ich* bin schwach, *ich* habe Schmerzen, *ich* kann nicht arbeiten...), Sich-Hinein-stürzen in den Gnadenstrom, der den Erdball umfließt, Sturzflug, Blindflug, Mitgerissenwerden vom Wasser des Lebens. Und wäre das Ergebnis des Aufwands ein einziger gut gelungener Satz: Elend und Gnade haben ihn zuwege gebracht.

ICH BIN EIN SEHR DÜNNHÄUTIGER MENSCH, mich wirft eine Kleinigkeit um – aber ich habe mich zur Disziplin erzogen, und außerdem (sonst hülfe die ganze Disziplin nicht) habe ich mich entschlossen (ja, das kann man!), mich in Gottes Arme zu begeben. Es wird schon alles recht sein, so wie es ist.

Aber dennoch lebe ich dauernd sozusagen in einem Gerichts-Verfahren: immer beschuldige ich mich, nicht genug zu tun, d.h. nicht das Rechte.

Siehst Du, ich kenne auch »Verrücktheiten« aller Art.

VIELE MENSCHEN HABEN NICHT DEN MUT, sich so zu sehen, wie sie sind. Sie machen sich (oder andere haben es für sie gemacht)ein Bild von sich und leben es statt sich selber. Es ist wirklich sehr schwer, sich in seiner Fehlerhaftigkeit, in seiner Schwäche, in seiner Fragwürdigkeit zu sehen.

Es gibt eine Sage von einem Basilisken, einem häßlichen Fabeltier, das, als es sich zum erstenmal zufällig in einem Wasser gespiegelt sah, vor Entsetzen starb. Das ist ein Symbol. Aber man soll nicht entsetzt sein über sich, man soll sich mit Barmherzigkeit anschauen und seine Unvollkommenheit ertragen.

ICH BEGINNE ERST JETZT ZU VERSTEHEN, was das ist: Gott vertrauen, sich in den Abgrund werfen, sich tragen lassen. Das ist etwas Ungeheuerliches, dieses »Sorget euch nicht«, dieses Sich-Verbinden mit dem Ur-Grund. Und wie doch C.G. Jung und andere Psychologen recht haben mit ihrer These vom Menschen, der nur dann heil ist, wenn er sich dem Strom des Unbewußten in sich selber anvertraut.

WIR SIND DOCH ALLE GEFÄHRDET und haben irgendeine Art von »Neurose«, weil einfach die heutigen Probleme zu schwer sind und weil wir keinen Halt mehr haben in einer Gemeinschaft und einem Glauben (Religion). Du ahnst nicht, wie viele Menschen, von denen man es nicht glauben würde, in Angst leben: Angst vor verschiedenem: vor dem Verlust des Geldes, der Sicherheit, der Gesundheit, der Eltern, der Liebe eines Menschen, Angst vor Bomben, Angst vor allem. Ich selber kenne *das* nicht, denn ich werfe mich immer aufs neue in die »Arme Gottes«. Ich fühle, es ist jemand da, der mich hält.
Wenn Du das doch auch fühlen würdest! Du hast einen Engel, der Dich beschützt. Hab keine Angst. Versuch es, an den Schutz-Engel zu denken. Er steht unsichtbar bei Dir.

SCHÖN IST ES, ÄLTER ZU WERDEN, erlöst von sich, von der gewaltigen Anstrengung *etwas zu werden*, etwas darzustellen in dieser Welt; gelassen sich einfügen, irgendwo, wo gerade Platz ist, und überall man selbst zu sein und zugleich weiter nichts als einer von Milliarden.

NUR WER EINMAL das Gefühl der äußersten Verlassenheit, der eisigsten Leere kannte, in dem Sinn etwa, wie Christus rief: »Mein Gott, warum hast du mich verlassen« – nur der wird sich wandeln können.

ICH HABE KEINE ANGST VOR DEM STERBEN, aber es gab eine kurze Zeit, in der ich sie hatte, und in dieser Zeit träumte ich folgendes: ich saß in einem Boot, das ohne Steuer und ohne Ruder auf einem reißenden Strom dahinschoß; ich mußte fürchten, daß es kentern würde, und ich hatte schreckliche Angst. Da sagte ein Unsichtbarer zu mir: »Hinlegen! Ganz locker lassen! Entspannen!« Ich tat es, und nun schwamm das Boot ruhig dahin und glitt schließlich hinaus ins Meer, das weit und still war. Ich war gerettet worden, weil mein Wille ganz übereinstimmte mit meinem Schicksal.

KRISEN SIND ANGEBOTE des Lebens (Gottes), sich zu wandeln. Man braucht noch gar nicht zu wissen, was neu werden soll; man muß nur bereit und zuversichtlich sein.

ICH DENKE JETZT AUCH OFT, ob »Unsterblichkeit« *wirklich* personal ist, oder einfach bedeutet, daß unser Dasein unsterbliche Spuren hinterläßt, weil *jedes* Dasein irgendetwas im Universum verändert allein schon durch sein bloßes Dasein. – Mir schwindelt ein bißchen bei alledem, und ich strecke meine Hände aus wie Petrus nach dem »Herrn«, wer immer der »Herr« auch sei.

ANGST IST NICHT NUR STÄRKSTE HEMMUNG FÜR DAS LEBEN, sondern auch stärkstes Hindernis für die Erkenntnis, und zwar für die Erkenntnis der Wahrheit sowohl wie für das Erkennen realer Zusammenhänge. Daher ist jede Entscheidung, die heute unter dem Zeichen der Angst getroffen wird, verzerrt und schlecht. Die Angst ist das stärkste Hindernis für den Frieden der Welt, und darum sollten wir vor nichts Angst haben als vor der Angst.

WENN EIN MENSCH ERFAHRUNGEN MACHT, die ihn dem Gewohnten entfremden und ihn zu einer neuen Verhaltensweise provozieren und ihn damit zunächst der Unsicherheit und dem subjektiven Gefühl von Gefährdetsein aussetzen, so bedeutet das nicht, daß das Neue auch das Unangemessene ist. Wer kennt die Norm, die Grenze, die dem Menschen gesetzt ist? Wenn gerade das Durchstoßen des als Norm Geltenden das wirklich Menschliche (spezifisch Menschliche) wäre? Ekstasen – sind sie nicht angemessene Erfahrungen? Entfremdung des Gewohnten als Weg zum Eigentlichen.

MENSCHSEIN HEISST: unablässig gefährdet sein. Was kann man gegen die Angst davor tun? Nichts anderes, als was das Kind im Keller tut: tapfer ins Dunkle gehen, es auf eine kühne Art nicht ernst nehmen.

Jene Geborgenheit, die wir alle gerne hätten und die wir uns mit allen möglichen Versicherungen erkaufen möchten, die gibt es nicht.

Das Höchstmaß an Geborgenheit erlangt der Mensch, wenn er seiner Angst das große starke Vertrauen entgegensetzt.

Vertrauen und Hoffnung sind schöpferische Kräfte. Sie schaffen, was es eigentlich nicht gibt: Geborgenheit inmitten aller Gefahren.

ICH FLÜCHTE IN DEN GARTEN. Die Rosen blühen, die Amseln singen, die beiden Wiedehopfe sind bei der Arbeit. Friede, Schönheit. Habe ich die Wahl zwischen der kalten Verzweiflung und der so einfachen Freude im Augenblicksangebot?
Mein Gott, mein Gott, sage ich, ohne zu wissen, wen ich da anspreche. Mein Gott ... Mir ersetzt sich dieses Wort durch jenes, das die alten Chinesen das Tao nennen. Was ist das: Tao? Was ist das: Gott?
Ich wage wieder einmal den Tauchsprung ins blinde Vertrauen. Und siehe da: das Wasser trägt mich. Ich atme tief durch. Nenns wie du willst: Es existiert. Es lebt in den Rosen, in den Amseln, in mir. Ich muß es nur sehen wollen, fühlen wollen. Von mir hängts ab, ob es existiert, vielmehr: ob es wirksam existiert. Der Sinn ist nur erfahrbar, indem man hofft. Diese Hoffnung: die große schöpferische Kraft, welche Wirklichkeit zeugt.

MAN MUSS NICHT GEGEN ETWAS KÄMPFEN, man kann nicht gegen die Nacht kämpfen, man kann aber ein Licht anzünden. Solange man kämpft, kämpft man nicht gegen *etwas*, sondern gegen *jemand*, und auf jeden Angriff folgt der Gegenangriff, und so reißt die Kette der Gewalt nicht ab.

DER HEILIGE FRANZ VON ASSISI SAGTE, Schwermut sei Sünde. Das stimmt insofern, als Schwermut *Mißtrauen* ist: Mißtrauen in die Menschen und in Gott. Auch ich habe vieles erlebt, was mich hätte bitter und mißtrauisch machen können, und doch ist es mir gelungen, diese Finsternis zu überwinden.

DASS DU GANZ UNGEHEUERLICHES VERLANGST VON UNS: zu glauben, daß Licht ist, wo doch Finsternis ist; zu glauben, daß Liebe ist, wo eins das andre frißt; Geborgenheit, wo nur Verlassenheit ist.

FÜR MICH HAT ALLES (...) den Charakter des Vorläufigen. Es lohnt nicht, sich darin einzurichten.

BISWEILEN BIN AUCH ICH FÄHIG, mein Haus zu »genießen« und meine Seele darin wohnen zu lassen.

BEDINGT JEDER GEWINN EINEN VERLUST? Gibt es immer nur Schein-Synthesen, die in Wirklichkeit Halbheiten sind und Zeichen der Unfähigkeit zu *zweisprachigem* Leben?

WIE DAS DER MENSCH KANN: einer sein, der anordnet, und zugleich der, welcher sich selbst gehorcht, und einer, der befiehlt, daß befohlen und gehorcht wird, einer der etwas tut und sich dabei zuschaut, und noch einer, der ihm beim Zuschauen zuschaut, und einer, der dem Zuschauenden zuschaut, wie er zuschaut, und so fort, ein Spiegelkabinett, in dem jeder Spiegel, alle andern spiegelnd, sich um sich selber dreht, unaufhörlich, ein Spiegelkarussell, gefährlich für den, der die Bewegung in Phasen zerlegt, sie verlangsamen will, um zu begreifen, was doch nicht zu begreifen, nur zu leben ist, unbefangen, absichtslos, vertrauend.

WIE ANFÄLLIG ICH BIN FÜR TRAURIGKEIT; ein einziger melancholischer Einfall, gar nicht so tödlich ernst gedacht, Spur einer allgemeinen Bitterkeit, und schon trübt sich mein Himmel, ein geheimer Erdbebenherd sendet Wellen, das leichte Haus meiner Zuversicht wankt, und aus dem kaum mit Gras bedeckten Hügel steigt der unsterbliche Zweifel, Urzweifel, der nichts Bestimmtes meint, vielmehr alles, die Wurzel von allem; und da ich diese Trauer ins Große, Ganze, Allgemeine, ins sozusagen Leere hinein als Versuchung erkenne, rette ich mich ins Bekannte, Nahe, in den faßlichen Kummer: gewohnheitsmäßig beginne ich zu fürchten, daß einem der Kinder etwas passiert sei, daß meine Schwermut nur das Echo jener des Freundes sei, oder was es an derlei Kümmernissen eben gibt; und ich könnte doch aus langer Erfahrung mit mir selbst wissen, daß weiter nichts ist, als daß mit dem Fortschreiten des Tags die Schatten wachsen in mir, bis sie, einige Stunden später, gnädig aufgenommen werden von der Nacht.

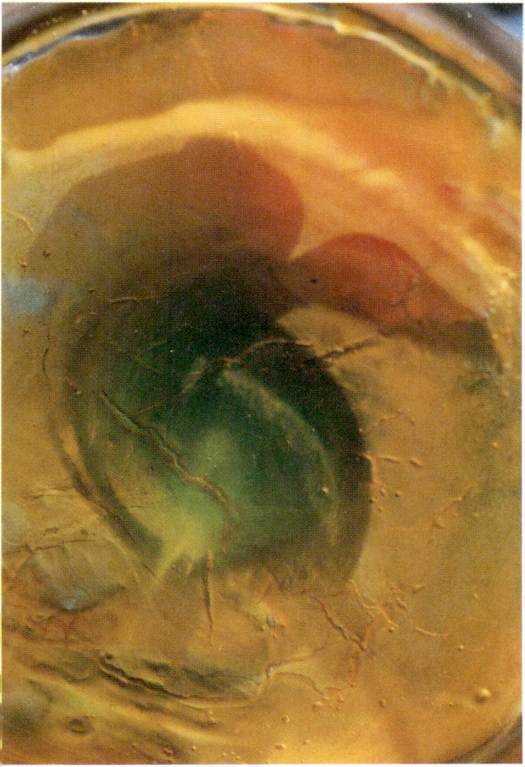

WIR SIND KINDER DES TODES UND DER SCHULD, gewiß gewiß, aber was bedeutet das schon angesichts der Herrlichkeit dieses Septembertags, dessen still fließendes Licht, Licht vom Licht, uns reinwäscht und uns mit barmherzigen Verheißungen überschüttet.

ALLES IST »NU«, alles ist »Hic et nunc«, alles ist Augenblick. Ich wünsche mir von den göttlichen Mächten, daß mir gegeben wird, das NU voll zu erleben, indem ich jeden Augenblick ans Herz nehme.

Der Sinn ist Liebe

IMMER, ZU ALLEN ZEITEN, stellten sich Menschen, deren Bewußtsein erwachte, die Frage: Wozu lebe ich eigentlich? Wozu bin ich denn *da*? Wozu all die Mühe, alle Leiden, alle Kriege, wozu überhaupt *ist* Leben, wozu ist überhaupt *etwas da*.
An einem oberbayrischen alten Bauernhaus fand ich im Giebelfeld den Spruch aufgemalt:

Weiß nit woher ich komm
Weiß nit wohin ich geh...
Weiß nit warum ich fröhlich bin.

Der französische Philosoph Sartre sprach vom »ins Dasein Geworfensein des Menschen«. Auch er wußte nichts vom Woher und Wohin, und er sah das Leben nicht als Geschenk, sondern als absurde Mühseligkeit. Er und die anderen Existentialisten sahen keinerlei Sinn im Da-Sein.
Buddhisten sagen, sie haben sich ihr Da-Sein und So-Sein vorgeburtlich gewünscht, damit sie ihre Mitmenschen den geistigen Weg führen und sie aus den Verstrickungen in Un-Wirkliches lösen können. Christen sagen, sie leben um Gottes Willen zu erfüllen und in sich und andern den göttlichen Geist

zu entfalten. Die Mystiker aller Religionen fragen nicht nach dem Sinn – sie leben ihn, sie *sind* der Sinn. Wie aber? Einfach indem sie *lieben*. Alles, jedes, jeden, auch sich selbst als »Kind Gottes«.

WENN MAN LIEBT, wirklich tief liebt, fragt man nicht, ob das Sinn habe. Der Sinn *ist* die Liebe. Der Sinn des Lebens ist: das Leben.

DAS ANGENOMMENSEIN von einem Menschen ist eine Quelle der Kraft.

ES IST SECHS UHR FRÜH, und ich sitze vor einem Postberg, das ist eine Last und doch auch eine Freude: in Verbindung zu sein mit *Menschen*, mit Kindern Gottes, mit Brüdern und Schwestern. Allmählich begreife ich das *wirklich*.

OB DIE SINN-EINHEIT VON UNS ERFAHREN und bejaht wird oder nicht: sie selbst besteht, sie selbst bleibt; denn es ist nichts, aber auch gar nichts denkbar, das außerhalb des Welt- und Sinn-Ganzen läge. Ein solches Außerhalb anzunehmen bedeutet entweder Gottesleugnung oder, was ebenso unheilvoll ist, völlige Verkennung des Wesens Gottes; denn Gott umfaßt alles, auch das uns sinnlos Erscheinende, und er wäre nicht Gott, umfaßte er nicht alles.

ICH HATTE WIEDER EINMAL DIE »VORSTELLUNG« das geöffnete Herz zu sehen – und ich konnte einfach hineingehen, und es schloß sich hinter mir, still wie ein Wasser sich schließt, wenn der hineingeworfene Stein untergegangen ist. Und nun *dachte* ich – mitten in diesem In-Ihm-*Sein dachte* ich: »Ist das nun einfach Phantasie oder entspricht dem eine Realität?« Und während das selige Gefühl anhielt, dachte ich völlig klar – mit dem Intellekt – daß es ganz gleich sei, *wie* das nun ist. *Jedenfalls* entspricht dem Bild *die* Wirklichkeit: das Herz ist offen, es ist geöffnet für mich, ich gehe hinein. Wenn immer Gott Liebe ist, also das *Herz* als Symbol ist, dann *muß* mein Gefühl stimmen.

SEIT ICH ES AUFGAB, mich mit Theologie zu beschäftigen, weiß ich, daß das Wissenwollen zu nichts führt und daß sich »der Sinn« wortlos offenbart in jedem Augenblick intensiv gelebten Lebens.

MAN MÜSSTE TAUSEND JAHRE LEBEN, um Zeit zu haben, alle Dinge lange und zärtlich in der Hand zu halten. Dann begriffe man vielleicht die Schöpfung und die Liebe.

EINE ALTE FREUNDIN SAGTE EINMAL ZU MIR: »Aber Du hast ja niemals Zeit für Dich selber – wie erträgst Du dieses Leben?« Wozu sollte ich Zeit für *mich* haben? Meine Zeit ist mein Kapital, und ich bin keine Kapitalistin, die für sich selber Geld, das heißt Zeit hortet. Ich möchte oft aus dieser Art anstrengenden Lebens hinaus und in einem Kloster Geschirr spülen oder Gras jäten im Garten. Meine *Ruhe* möchte ich haben. Aber wieso? Solange mich Menschen brauchen, darf ich nicht mich »zur Ruhe setzen«. Wenn es mühsam wird, sage ich jedesmal: »Gott – was und wer Du auch bist – Du bist jedenfalls die Summe allen Lebens und aller Liebe – hilf mir weiterleben« – und dann geht es schon.

ICH FÜR MEIN TEIL, FREI ODER NICHT, habe meine Unfreiheit zu meiner Freiheit, meine Freiheit zur Unfreiheit gemacht; großmütig und leichtsinnig überlasse ich mich einer Führung, die ihrerseits großmütig und leichtsinnig genug ist, mich an sehr langer Leine zu halten, so daß der Platz, den ich im Umkreis meines unsichtbaren Pflocks abgrasen kann, beträchtlich ist, und wenn ich ein oder das andere Mal ausbrechen möchte und plötzlich, ganz weit draußen, spüre, wie der Strick sich strafft und mich ins Bein schneidet, dann bleibt mir die schönste aller Freiheiten: stolz liebend zu gehorchen.

WAS MENSCHEN IN TIEFER UNRUHE vorwärtszieht, ist der Ruf der Liebe Gottes.

MAN SOLLTE NICHT NUR BÜCHER SCHREIBEN, Bilder malen, Häuser bauen, Politik machen, sondern lieben, so viel man nur kann. Daß wir Lieben nie als Lebensleistung anerkennen mögen? Und vermutlich zählt wirklich nur das.

NICHTS IST VERLETZBARER UND VERGÄNGLICHER als eine menschliche Beziehung. Nichts ist alltäglicher und menschlicher als die bittere Erfahrung und Enttäuschung. Nur dem, der dies weiß, gelingt das Wunder der Liebe. Wer weiß, daß jeder unter seiner Einsamkeit leidet, der wird in der mitleidenden Liebe eigene und fremde Einsamkeit lindern.

Ich sage lindern und nicht: überwinden. Wir müssen hier ganz realistisch sein, sonst stellen wir falsche Ansprüche an das Leben und unsere Mitmenschen. Selbst Frömmigkeit, das heißt enge Verbindung mit dem Urgrund der Welt, vermag uns nicht ganz vor der Einsamkeit zu retten. Von Heiligen, die große Liebende waren, besitzen wir ergreifende Klagen über ihre Einsamkeit, und jenes schreckliche Wort Christi am Kreuz: »Mein Gott, warum hast du micht verlassen?« ist für alle an der Einsamkeit Verzweifelnden ausgesprochen.

Ein bitterer Rest von Einsamkeit bleibt uns allen. Was tun? Ertragen. Wie aus allem Schweren erwächst uns auch aus der Einsamkeit das tiefe Wissen davon, was Menschsein heißt: unterwegs sein.

LIEBEN HEISST: den andern ganz erfahren,
nicht nur so, wie man ihn haben möchte.

HIER IST FRÜHLING, UND ICH ARBEITE. Es geht mir gut, das heißt nicht schlecht, und ich habe neue, geistige Einsichten, deshalb gehts mir gut. Mir lösen sich die Knoten, viele Rätsel, und alles wird immer einfacher, dabei freilich viel-bödiger, aber das paßt eben alles zusammen. Im übrigen lebe ich nach dem japanischen Zen-Spruch:

Ich schöpfe Wasser
Ich trage Holz
Wie wunderbar.

Das Hier-und-Jetzt ist: das Leben!

DASS DU SO VIEL AN DEN TOD DENKST? Sonderbar: auch ich tat es immer und tu es weiter, aber für mich ist der Tod nicht ein tiefer Schlaf, sondern das Tor zum andern Leben – zu jenem, in dem man »gesund« ist, heil, in Freude, in Gemeinschaft, »erlöst«. Ich warte sehr auf diesen neuen Zustand, aber ich bin noch nicht reif dazu, und Du auch nicht. Also, versuchen wir so zu leben, daß wir im Sterben jene andere helle Welt finden.

WENN WIR MENSCHEN SO DASTÜNDEN, wie wir gedacht sind?
Wenn die Zerstörung der Erde unsre Befreiung wäre, das Aufsprengen des Gefängnisses?
Wenn der vermeintliche Tod unsre Auferstehung wäre?
Wenn wir gar keine Angst zu haben brauchten?
Wenn wir den Welt-Untergang mit Sehnsucht erwarten könnten?

»DAS SCHÖNE IST NICHTS ALS DES SCHRECKLICHEN ANFANG« (RILKE). Ich wage das Wort umzukehren: Alles Schreckliche ist der Anfang des (neuen) Schönen.

ICH BIN NUR AUF ZWEI TÖNE GESTIMMT: die hohe Freude und den Schmerz; so dicht nebeneinander gespannt die Saiten, daß es dem Bogen selten gelingt, eine allein zu streichen, und das ist gut; beide zusammen, das gibt schwebenden Frieden.

MEIN TAG BEGINNT FRÜH, er beginnt still und gesammelt, er verspricht viel, er verspricht Stille und Sammlung für die Zeit seiner Dauer; ich weiß, daß er sein Versprechen nicht halten kann, nicht halten will, und doch vertraue ich ihm, weil ich vertrauen will.

ABER WIESO WERDEN WIR DURCH SCHMERZ ERZOGEN und nicht durch Glück? Vielleicht, weil wir eben nur so und nicht anders Durchlässigkeit für den Geist bekommen.

Alles in allem: wir leiden kaum weniger, wenn wir irgendeine Erklärung bekommen. Es gibt nur ein Mittel, den Sinn des Schmerzes zu erfahren: wenn wir den Schmerz leben und ihn annehmen, nicht als unvermeidliches Übel, sondern als den Stab, der uns zugeworfen wird, damit wir mit seiner Hilfe sicherer dahin gehen, wohin wir gelangen sollen: zu uns selbst, anders gesagt: zum Göttlichen in uns selbst.

WER DAS WISSEN VOM DUNKEL MEHRT um das Wissen vom Licht, um das Wissen von der Liebe, um das Wissen von den Versprechungen des menschenliebenden Gottes, der erst ist der wahrhaft Wissende, und der wahrhaft Wissende ist zugleich, naturgemäß, auch der Hoffende, denn in der Hoffnung wird ihm die ahnungsweise Erfahrung von der Harmonie der Welt zuteil.

SIE SCHREIBEN, SIE HABEN ANGST, später viel Häßliches sehen zu müssen in Ihrem Beruf, und Sie möchten sich »ein Reich der Schönheit« aufbauen. Ach, Kind – es gibt kein Reich der Schönheit; es gibt keine Idylle, es gibt keine rettende Flucht aus unserer Welt. Man ist nicht glücklich in einer Idylle. Mit Blumen, Kerzen, edler Musik lebt man nicht glücklicher. Die Welt ist voll harter Probleme. Wie kann ein Mensch so leben, als hungerten und ver-hungerten nicht Tausende? Wie kann man das vergessen? Der kanadische Kardinal Léger ließ sein relativ »schönes« Leben und ging, mit 65 Jahren, zu den armen Leprakranken nach Afrika. Dort erst ist er »glücklich« geworden. Es gibt einfach keine andere Art zu leben, als für andere da zu sein. Wer für sich lebt, der lebt überhaupt nicht. Das Ideal der »freiwilligen Armut« wird noch sehr wichtig werden. Wir müssen eine neue Welt aufbauen. »Das Reich Gottes«, das ist nicht irgendwo ein Paradies für brave Fromme, sondern das ist unsere Erde, für die wir arbeiten, damit Friede wird.

GIBT ES HÄRTERES, ALS ZU LIEBEN, wirklich zu lieben, das heißt: ausschließlich, vorbehaltlos, glühend, ohne Berechnung, ohne Erwartung, ohne eine Möglichkeit des Rückzugs?

MIR WERDEN MENSCHEN IMMER BESCHWERLICHER. Ich mag sie, ja, aber sie machen mich rasch müde mit ihren Problemen. Ich könnte eigentlich allen nur sagen: »Ertragt's und betet, das ist alles, was Ihr tun könnt.« Aber damit ist keiner zufrieden.

ICH LIEBE DIE TIERE, nicht nur meinen Hund. Ich liebe das Geschöpf Tier. Ich liebe es nicht sentimental, weil etwa mein Liebesbedürfnis kein andres, kein menschliches Objekt hätte. Meine Tierliebe stammt nicht aus der Enttäuschung mit Menschen. Ich liebe Tiere ganz einfach, weil sie eine Form des Lebens sind. Eine Manifestation des Weltgeistes (den wir Gott nennen können). Ich liebe sie aber auch mit heftigem Schuldbewußtsein. Wie viel Leiden haben wir den Tieren zugefügt und tun es noch(...)
Sunt lacrimae rerum. Tränen sind in allen Dingen. Vor allem in den Tieren. In ›Rechenschaft vor el Greco‹ sagte Nikos Kazantzakis: Tiere sind auch Menschen – frühere Menschen, viel viel früher als wir waren sie da, sie haben nur kein Erinnerungsvermögen ... Ich glaube nicht, daß Tiere Menschen waren, sondern daß sie auf dem langen Weg sind, Menschen zu werden, so wie wir Menschen auf dem langen Weg sind, Götter zu werden (Paulus)(...)
Das Leid der Tiere schreit um Hilfe. Ich sage: Wir Menschen werden nur dann erlöst, wenn wir den Tieren zu ihrer Erlösung helfen.

OB MAN DEM GELIEBTEN MENSCHEN ETWAS VERSCHWEIGEN SOLL? Ich weiß nicht. Wenn sich zwei lieben, *spüren* sie das im Wort Verschwiegene. Aber man kann schon manchmal auch die eigenen Gedanken so abschirmen, daß sie den andern nicht erreichen. Man kann vor die eigenen Nöte den Paravant des Gebetes, zum Beispiel, schieben.

DAS ZUHAUSE, das ist abgewandert aus dem Raum in die Zeit: wenn ich mit einem geliebten Menschen oder einem kleinen Kreis von Menschen zusammen bin und plötzlich mein Ich sich aufgehoben fühlt und einverleibt der Welt (»wo zwei in meinem Namen versammelt sind, da bin ich mitten unter ihnen«) – was das bedeutet, weiß ich mit allen Fasern, und wenn das *Wir* sich ereignet, dann bin ich geborgen.

WENN JEMAND MEINE HILFE braucht, so gebe ich sie ihm. Und in meinen Büchern bemühe ich mich, die Menschen lieben zu lehren. Ich leide unter dem Welt-Leid, aber ich gehe daran nicht zugrunde. Auch Jesus ist nicht »zugrunde gegangen«, er hat sich geopfert. Aber *er* ist eine einzig-artige Gestalt, und *seine* Tat ist nicht wiederholbar.

Man muß immer sein Letztes an Kraft einsetzen. Daran geht man aber nicht zugrunde, sondern daran wächst man. Man muß natürlich glauben (mit dem ganzen Wesen glauben, d.h. hoffen), daß alles einen Sinn hat und daß jede kleine gute Tat ein Beitrag dazu ist, daß sich eines Tages – d.h. so nach und nach – das »Reich Gottes« ausbreitet, das Reich des Friedens auf Erden. Ich glaube fest daran.

ES GIBT KEINE LIEBE ZUM MENSCHEN, die nicht ihren Ursprung in der Ewigen Liebe hätte.

Morgen ist Heute

ALS ICH EIN KIND WAR, verschob ich gern die Befehle meiner Eltern auf »ein anderes Mal«, auf »morgen«. Ich hoffte, der Befehl würde vergessen und mein eigenes Gewissen verdrängte, was ich tun sollte.
Später sagte mir ein geistiger Führer: »Was du nicht jetzt tust, kannst du nie mehr tun. Jetzt und hier wird genau das von dir gefordert. Das Angebot wird dir nicht zweimal gemacht. Du kannst nicht zweimal an derselben Stelle in den Fluß steigen, er fließt unaufhaltsam fort. Also: das hic-et-nunc ist dein Kairos. Versäume ihn nicht.«
Ich habe gelernt, danach zu handeln. Ein Mensch braucht Hilfe, dringend, jetzt und hier, sofort, nicht morgen, denn vielleicht gibt es kein Morgen, weder für ihn noch für mich noch für die Möglichkeit der Hilfe. Also jetzt und hier. Sofort. Sofort das erbetene Telefongespräch, der erflehte Brief, expreß geschickt, und der Besuch im Krankenhaus, und was auch immer. Gehts nicht morgen? Es gibt kein Morgen, es gibt immer nur das Jetzt-und-hier.
Wie lernt man lieben? Wir haben in langer Lebens-Schulung gelernt, Disharmonien

zwischen sich und der übrigen Welt zu ertragen, nicht mürrisch und resigniert, sondern mit gelassener Freude. Wir haben gelernt, daß *alles* unendlicher Liebe wert ist. *Alles*: Menschen, Tiere, Bäume, Sterne, und eben auch das eigene Selbst, das, wenn es nicht mehr »Ich« ist, sondern im »Wir« eingebunden, ebenfalls liebenswert ist. Mit dieser Liebe zu allem schafft man Harmonie mit sich und *allem*. Und so zu lieben gibt dem Da-Sein seinen fraglosen Sinn.

MANCHMAL, WENN ICH ETWAS SCHWIERIGES LESE (Kierkegaard oder Berdjajew oder Marcel), und wenn ich es plötzlich begreife, durch und durch, so daß es mir zur Epiphanie wird, habe ich das deutliche Gefühl, der Verfasser ist neben mir und er *wollte*, daß ich begreife, und er half mir dabei und ist jetzt zufrieden, weil ich endlich begriff. Ob er tot oder lebendig ist, das spielt dabei keine Rolle.

Es ist möglich, daß diese Empfindung auf einer konkreten Wirklichkeit beruht: indem ich etwas verstehe, was ein anderer sagte (es geht dabei immer um Wesentliches, um ›Letztes‹), trete ich in Verbindung zu ihm, und zwar in sehr enge, intime. Im konkreten Gespräch, Aug in Aug, geschieht das ja auch in glücklichen Momenten, daß man einander plötzlich betroffen anschaut: man ist ganz und gar einer Meinung, es kommt zu einer vollkommenen Einheit, man erkennt nicht nur die gemeinsame Wahrheit, sondern auch die Einheit mit dem Partner. Das ist immer ein erotischer Augenblick. Der perfekte Liebesakt auf geistiger Ebene. Wer diese Erfahrung kennt, weiß, daß der ›sexuelle‹ Akt nur unzulängliches Gleichnis, nur schwacher Versuch ist. Der Gesprächspartner muß nicht leibhaft gegenwärtig sein, es genügt vollauf, wenn er im Geiste da ist, und das ist er im Buch.

ICH SCHLIESSE BEIM LESEN GROSSE FREUNDSCHAFTEN, ja Liebschaften – etwa mit Teilhard de Chardin. Das klingt mir jetzt überheblich, denn meine Partner sind alle viel viel größer als ich. Jedoch gibt es auch den pädagogischen Eros, und so mögen Teilhard und Berdjajew Freude an der leidenschaftlichen Schülerin haben.

ICH GLAUBE ALLEN ERNSTES, daß es Beziehungen zwischen Lebendigen und ›Geistern‹ gibt. (Der Plural ist irreführend, ich meine Geister nicht im Sinne der Spiritisten, ich meine ›Geist‹, wie er im Werk einzelner Personen lebendig ist. Man sollte den Plural ›Geiste‹ einführen.) Daher kommt es ja auch, daß man durch Bücher geführt und getröstet werden kann. Nicht Buchstaben und Wörter trösten, sondern der Geist, der sie benutzt, um sich verständlich zu machen auch dann, wenn seine Lippen, seine Zunge, seine Stimmbänder, seine Lunge, seine Hand längst zu Erde oder Asche geworden ist.

Eigentlich eine Sache zum Erschrecken; ich male Zeichen, die nach allgemeiner Übereinkunft so oder so aneinandergereiht etwas bedeuten, und nach zehn oder hundert Jahren liest es einer und versteht mich, und ändert sein Leben. Der Beweis dafür, daß wir Geist-Wesen sind.

WENN ICH BISWEILEN AUS EINER MEDITATION HERAUS in den stillsten Raum eintrete, in die Leere, dann weiß ich einfach *alles*, nämlich *nichts* mehr. – Das kann man nicht erklären. Das ist wohl »Mystik«. Aber die Parallele: Wenn man jemand liebt, vergißt man völlig die einzelnen Eigenschaften des Partners, man vergißt alle Erfahrungen, die man mit ihm gemacht hat, man vergißt sozusagen ihn selber und *ist in ihm*; ist Eins, statt zwei. Darum ist ja die körperliche Vereinigung, die Ekstase, eine so große Offenbarung; da fällt man in den Ur-Grund der Welt. Aber auch im Gebet, in der Vereinigung mit Gott, geschieht das. – Es kommt immer nur darauf an, daß man den Anschluß an den Ur-Quell bekommt.

DIE UNSTERBLICHKEIT: sie ist hier und jetzt.

EINE GEWISSE GLEICHGÜLTIGKEIT gegen äußeren Mangel ist das Zeichen starken Lebens und tiefen Lebensvertrauens.

IMMER SCHLEPPE ICH KÖRBE VOLL KEHRICHT des alten Tages hinüber in den neuen, aber was schadet es, da doch alles imperfekt ist, unser Tun, wir selbst, wir alle, und da doch das Imperfekte genau das uns Gemäße ist, das nie abgerundete, nie gesittet stillhaltende, nie schön geputze Leben, das nichts ist als ein Weg, immer aufgerissen wie die ewig schadhaften abgenutzten überlasteten Straßenpflaster unsrer Großstädte, dieser unser Weg, der mit all seinen unüberschaubaren Windungen über Tag und unter Tag, seinen Irrläufen, falschen Mündungen in Sackgassen, Spitzkehren, seinem endlosen unverständlichen Hügelauf-hügelab doch ganz genau der vorgezeichneten Spur folgt, wie die uralten Bauernwege unbeirrbar den unterirdischen Wasserläufen folgen, dieser Weg, der, unbekümmert, ob wir daran glauben oder nicht, ans Ziel gelangt.

JE WENIGER GEPÄCK wir haben, desto leichter wandern wir.

WAS IST DENN IM MENSCHEN, das ihn am Leben hält, was denn außer einer zähen vagen Hoffnung auf ein Morgen, das besser ist als das Heute. Aber das Morgen, das ist heute; das ist in jedem Augenblick, im *Nu*, und dieses *Nu* verspielen wir. In jedem Augenblick, in dem wir es nicht als das göttliche Leben begreifen, verspielen wir es. Narren, die etwas erwarten, das sie ja besitzen.

MAN SOLLTE KEINE ZEIT DES LEBENS und *keine* Situation negativ sehen, sondern sie als Chance zur Entwicklung nehmen.

WESSOBRUNN, ORT MEINER KINDHEIT. (...) Ich schau die Bilder an, und mir wird sonderbar eng ums Herz, ich spüre einen Schmerz. Der Schmerz heißt: Ich besaß einmal eine Heimat, die, obgleich nur Besuchsheimat, Ferienheimat, Kinderheimat, doch meine ganz eigentliche ist, meine geistige Heimat. Hier war ich als Kind, hier war ich *immer*, hier *bin* ich. Wessobrunn ist in *mir*, und ich bin Wessobrunn. Es gehört zu meinem Da-Sein, unteilbar, untrennbar. Es ist nicht (...) meine Traum-Heimat, es ist meine reale Heimat, weil es meine geistige Heimat ist. Ich will dort begraben sein, obgleich ich auch hier, in Rocca di Papa, begraben sein könnte, in meiner zweiten Heimat. Aber nein: es ist nicht die »deutsche Erde«, die mich haben soll, es ist der Boden, aus dem mir die frühen hohen Erkenntnisse zuwuchsen, aus dem meine Hinneigung zur Mystik kam, aus dem mir das erste meiner Bücher, »Die gläsernen Ringe« zufiel; dorthin will ich zurückkehren. (...)
Das Aufsuchen der vom Kind so geliebten Plätze im hügeligen Garten. Das Suchen der einzigen, von der alten Klosterkirche übrig-

gebliebenen Säule. Die heiligen Quellen, die so sind, wie sie vor einem halben Jahrhundert waren, nur die Halle ist ausgebessert und scheint fast neu, sie ist nicht neu, sie ist die meine von damals. Und das Wasser im Bekken: glasklar, wie damals, als ich Steinchen hineinwarf, um die Ringe zu sehen, die sich bildeten, »Die gläsernen Ringe«, Symbol für mich schon damals, nur nicht aussprechbar vom Kind: Ruhe, Bewegung, Ruhe, Bewegung ., das ewige Spiel, das Spiel des Ewigen. Der Sieg fiel immer der Ruhe zu, immer dem Bleibenden, dem Unzerstörbaren, dem Geist. Wie liebte ich diesen Ort! (...)
Alles Heimat. Alles erlebt, durchlebt, in mich eingewachsen, zu Mir-Selbst geworden.

AM LIEBSTEN hab ich doch das Fortfahren schlechthin, das Etwas-Hintersichlassen. Ich glaube, ich *mag* das Sterben!

ICH WILL HEIM; als ob es das gäbe für mich; immer wieder falle ich auf das Versprechen herein, das ich mir selber gebe: heimkommen zu dürfen.

BEKOMMT MAN ETWAS, irgend etwas Natürliches oder Übernatürliches ohne Verzicht? Gewinnt man etwas, ohne anderes zu verlieren? Kann man die Übernatur zur Natur hinzunehmen, ohne an Natur einzubüßen?

MANCHMAL FÜHLE ICH, wie die Dinge vor Sein fast platzen und wie das Sein noch über ihre Grenzen hinausreicht, hinausstrahlt. Bei mir setzt sich alle Philosophie sofort in Bilder um oder – und – in erfahrene, gefühlte, gelebte *Wirklichkeit.* Nicht: *cogito ergo sum.* Sondern: denkend lebe ich, lebend denke ich. Eines bedingt das andere. Eines kann nicht sein ohne das andere. Wobei »Denken« bei mir heißt: dem Kern eines Wesens (eines »Seienden«) ganz nahekommen, vielleicht ihn *berühren,* vielleicht sogar *in* ihn eindringen.

ICH HABE BISWEILEN DEN VERDACHT, als sei ich nicht bloß eben ich, sondern auch etwas anderes oder in anderem, und schaute mich an mit den Augen jener, die ich in anderen und in anderem bin.

DASS DER VERGLEICH GEBURT-TOD NAHELIEGT, hat seinen guten Grund: es ist der gleiche Vorgang; man verläßt einen (Entwicklungs-)Raum und tritt in einen anderen ein. Das Sterben ist die Zwischentür – aber es ist nur von dem einen Raum aus gesehen die Ausgangs-Tür; vom anderen aus gesehen, ist es eine Eingangs-Türe. Auf alten russischen und griechischen Ikonen ist oft der Tod Marias dargestellt: Maria liegt auf dem Sterbebett. Über ihr steht Jesus oder ein Engel und trägt ein Wickelkind in den Armen: die Seele Marias, die in einem Leben gestorben, in einem anderen neu geboren wird.

Man sagt in der Psychologie, daß Kinder bei schweren Geburten ein seelisches »Geburtstrauma« bekommen. Wir müssen also versuchen, so leicht zu sterben, daß wir kein solches Trauma mit »hinübernehmen«.

Ich würde Schwerkranke mit diesem Bild von der Geburt vertraut machen: das Kind im Mutterleib bemüht sich herauszukommen, denn es will eine neue Existenz beginnen, es will sich befreien; es leidet bei dem Vorgang, aber der Vorgang dauert nicht lange; ein kleiner Durchgangsschmerz, und draußen ist Luft, Licht, Freiheit, Leben.

DIE BUDDHISTEN glauben an eine Kontinuität, aber nicht die einer bestimmten Persönlichkeit, sondern eines zentrierten Bewußtseins, das in ständiger Entwicklung bleibt und das sich, im Sterben aus der Bindung an einen bestimmten körperlich-seelischen Organismus gelöst, sich einen neuen sucht, in dem oder von dem aus es sich wiederum weiterentwickelt; es hängt dabei von jener Bewußtseinshöhe ab, die wir bis jetzt erreicht haben, auf welcher »Ebene« wir wiedergeboren werden; unsere »Unsterblichkeit« bedeutet zunächst nicht: Ewige Erhaltung unserer Persönlichkeit, sondern sich entwikkelndes Fortleben eines Bewußtseins, bis dieses sich in absoluter Übereinstimmung mit dem göttlichen Bewußtsein befindet und so seine wahre Unsterblichkeit *im Absoluten* erlangt. Daß diese vollkommene Übereinstimmung »Seligkeit« bedeutet, ist mir ganz klar: Es gibt Augenblicke in unserem irdischen Leben, in denen wir ganz *eins* sind mit *allem*; wir begehren nichts mehr, kennen kein Vorher und kein Nachher, die Zeit hat aufgehört zu sein und unser Bewußtsein ist in grenzenloses Schweigen eingegangen.

Aber diese Seligkeit dauert nicht. Wenn sie einmal dauert, sind wir wirklich »Selige«.
Das alles sind freilich unbeweisbare Dinge. Es sind Glaubensdinge. Mir selbst scheint es nötig, daß man in seinem Denken den großen Sprung vollzieht, den Sprung über sich hinaus, und schon jetzt bewußt das Hängen an der eigenen begrenzten Person aufgibt. Das ist nicht einfach »buddhistisch« und deshalb dem westlichen Christen fremd oder gar verboten. Die ganze abendländische christliche Mystik redet von diesem Sprung. Ich habe verstanden, daß »Gott lieben« heißt: eben diesen Sprung tun. Wer ihn nicht tut, liebt sich selbst mehr als »Gott« und wird darum »irgendwo« und »irgendwie« so lange lernen müssen, bis er begreift.

EIGENTLICH BIN ICH GAR NICHT SO BRENNEND INTERESSIERT DARAN, was nach dem Sterben mit mir sein wird. *Etwas* wird sein. Etwas *Sinnvolles* wird sein und etwas, das *so* und nicht anders sein soll. Ob Reinkarnation oder Purgatorium, ob Weiterleben als Persönlichkeit oder als ins Feuer der Gottheit zurückgefallener Funke, oder wie auch immer, das ist mir existentiell gleichgültig. Das *Etwas*, das sein wird, lockt und drängt mich zu einer Ausweitung meiner Existenz, zum Übersteigen des Interesses für mich selbst, zur Hinspannung auf *das Ganze*. Ich versuche, darin so weit zu kommen, wie es mir möglich ist, und dieser Versuch (dieser unablässige Versuch!) gibt mir eine (intuitive) Garantie dafür, daß *alles* auf *eines* hinzielt und daß auch ich, auf dieses *Eine* hinzielend, zum Ganzen gehöre und nie aus ihm herausfallen kann, und daß ich darum auch keine Angst zu haben brauche. Wo ich auch bin: ich bin immer »daheim«.

MAN KANN AUF DEN KNIEN LIEGEND vor der Vielfalt, der Ungeheuerlichkeit der Schöpfung, nur mehr sagen: »Ich verstehe nichts und alles. Ich bete an.«

WAS DEINE ZWEIFEL AN DER EXISTENZ GOTTES ANGEHT, so kann ich Dir meine Erfahrung mitteilen: Gott gibt es nicht mehr – nämlich: er ist ganz und gar zu Christus geworden, also zum Menschen. Gott war sehr fern, als Gott. Er mußte Mensch werden, um uns nahe zu sein. Er ist nicht mehr unser Vater, sondern unser Bruder. Er ist *da*. Er ist *wir*.

ICH TRÄUMTE EINMAL, ich sehe das »Nichts«, ein furchtbar leeres Weltall, ohne Grenzen. Da stand plötzlich vorne ein Mensch, ich wußte, das ist Christus. Und dann wuchs er nach allen Seiten, und schließlich war die Leere ausgefüllt von *Ihm* und von Licht und »Sinn«.

ICH, DIE ICH DIESE UNSERE WELT LIEBE, weiß sonderbar klar, daß sie – ich will nicht sagen, daß sie *nicht ist*, nein, so nicht, sondern: daß es eine Doppeltheit gibt. Ich will versuchen zu erklären: Ich sehe, was alle sehen, Häuser, Autos, Leute, aber das alles ist nur vorübergehender Ausdruck der wirklichen Wirklichkeit, nur zeitweilige Verstofflichung des Geistmaterials, sozusagen eine Vergröberung und Kompensierung des Geiststroms, der unablässig alles umfließt und alles durchdringt.
Dies ist meine Gottes-Erfahrung.

MEDITIEREN HEISST nicht nachdenken, nicht reflektieren, nicht betrachten, sondern etwas (ein Bild, ein Wort, ein Symbol) so lange »innerlich anschauen«, so lange und innig in gewissermaßen aktiver Passivität auf sich wirken lassen, bis es sein Wesen erschließt und das eigentlich Gemeinte verrät.

ICH BIN ÜBER MANCHE FRAGEN HINAUSGEWACHSEN in die sacra indifferentia hinein, in die *Heilige Gleichgültigkeit*. Ich selbst bin mir gleichgültig. Das ist der Zustand der Freiheit und ist schön, aber auch dies, daß es schön ist, wird gleichgültig. Etwas *ist*, etwas *bleibt*, das ist genug.

ICH SAGE MIR OFT: Warte nicht auf etwas, das kommt, so wie ein Kind auf eine Weihnachtsüberraschung wartet; es kommt nichts, was nicht schon da ist.

IM AUGENBLICK MUSS ICH ZWEI ARBEITEN ZUGLEICH MACHEN. Aber es geht mir dabei gut, denn ich freue mich am Leben. Die Rosen blühen so reich wie nie, als hätte der harte Winter ihre Kraft vervielfacht. Ein Rosenfest ist das. Und »meine Vögel«! Sie kommen zur Trinkwasserschale auf die Terrasse, trinken und baden. Ich sitze da und schaue ihnen zu, das ist meine Erholung und meine Freude.

Ich habe gelernt, das Leben *im Augenblick* zu packen und ans Herz zu drücken.

IMMER DICHTER WEISS ICH, daß wir schon *in* der Ewigkeit leben, daß wir schon Himmel und Hölle ganz nahe haben, daß es wirklich nur an uns (d.h. unserem Mitwirken mit den Gnadengaben) liegt, ob wir Gott erfahren oder nicht. Ich weiß, daß Gott *da* ist, daß die Ewigkeit *da* ist. Ich begreife mit allen Sinnen meines Geistes, daß Zeit und Raum »eingebettet« sind in Ewigkeit und Unendlichkeit. Darum *ist* (jetzt) die Vergangenheit und *ist* (jetzt) die Zukunft und *ist* (jetzt) die Ewigkeit und (jetzt) *ist* unser Tod. Ich *fühle* die Ewigkeit.

WAS BLEIBT MIR FÜR DEN REST MEINES ERDENLEBENS? Den Traum zu Ende träumen. Befinde ich mich jetzt in der Zeit vor dem Erwachen am Morgen, wenn der Nacht-Traum sich aufzulösen beginnt?
Sei mir willkommen, traumloser Morgen Ewigkeit.

Nachwort

Ich lese, was in diesem Buch gebündelt ist: Auszüge aus meinen Büchern, Briefen, notierten Gesprächen, und ich bin erstaunt darüber, daß ich es bin, die das dachte, sagte, schrieb. Meine Frage: *Wer* ist die, die das sagte? Ich, natürlich. Wirklich: ist das so natürlich? Wer ist denn dieses *Ich*? Es klingt absurd, wenn ich sage, daß ich nicht weiß, wer *ich* bin und daß ich Zweifel habe, ob *ich* das alles wußte und weiß. Woher kommen meine, unsere Gedanken? Woher wissen wir überhaupt etwas? Und, absurder noch, zu wissen, daß wir etwas wissen, und am aller-absurdesten, daß wir fast nichts wissen vom großen Ganzen, vom Geschehen im Universum, vom Geschehen im menschlichen kollektiven Unbewußten und unserem individuellen »Innern«, so wenig von den Welten, die wir so eifrig erforschen. Je mehr wir wissen, desto relativer wird unser Wissen, bis wir schließlich erkennen, daß wir »nichts wissen«, und ganz am Ende der Erlebnis-Kette wissen wir, daß unser Nicht-Wissen zum Wissen wird, wenn wir es nicht mehr aussprechen, sondern uns einfach in den Strom des Lebens werfen und von ihm tragen lassen und, getragen von ihm, erfahren, was »Wissen« eigentlich ist: nichts anderes als eben »Leben«. Liebend leben.

Quellenverzeichnis

Die Zitate sind mit freundlicher Genehmigung der Verlage, der Autorin und der Briefpartner aus folgenden Quellen entnommen.

Die erste Zahl gilt für die Seitenangabe in diesem Buch, die Zahl in Klammern gilt für die Originalausgabe bzw. für das Datum des Briefes.

- Erstveröffentlichung: 13, 49, 82, 117, 151, 187
- Grenzübergänge. Tagebuch-Notizen, (c) S. Fischer Verlag, Frankfurt/M. 1972: 14

(247/248), 34 (307), 69 (271/727), 91 (291/292), 125 (52), 129 (49), 145 (33), 153 (285), 155 (286), 156 (286), 179 (62/63)

- Wir Heimatlosen. 1989-1995. (c) S. Fischer Verlag, Frankfurt/M. 1966: 17 (213), 24 (147), 37 (178), 114 (206), 119 (176), 135 (236), 143 (168/169/171), 158 (176), 162 (195/196), 185 (152)
- Wachsender Mond. 1985-1988, (c) S. Fischer Verlag, Frankfurt/M. 1988: 18 (44), 39 (116), 46 (221), 124 (13), 164 (211)
- Saturn auf der Sonne, (c) S. Fischer Verlag, Frankfurt/M. 1994: 19 (175/176), 41 (183/184)
- Hochzeit der Widersprüche, R.S. Schulz, Percha, 1973, (c) Luise Rinser: 21/22 (18), 26 (26/27),75 (214), 77 (6), 98 (255), 171 (255/256), 173 (251/252), 175 (253)
- Erstveröffentlichung, Auszüge aus den Briefen an Ute Zydek: 23 (25.10.85), 44 (15.3.76), 54 (12.9.81), 71 (18.3.77), 85 (20.4.70), 92 (1.11.71), 95 (3.2.74), 99 (26.8.71), 106 (8.4.75), 109 (26.1.82), 121 (1.1.80), 126 (10.5.70), 128 (11.8.76), 131 (30.4.75), 132 (4.2.84), 133 (2.8.75), 140 (5.6.69), 146 (16.3.69), 177/178 (11.9.81), 181 (10.7.80), 183 (25.5.85)
- Baustelle: Eine Art Tagebuch. 1967-1970,

(c) S. Fischer Verlag, Frankfurt/M. 1970: 25 (35), 65 (159), 102 (160), 108 (36), 110 (79), 170 (187), 182 (106/107)

- Gratwanderung. Briefe der Freundschaft an Karl Rahner 1962-1984. Hrsg. von Bogdan Snela, (c) Kösel-Verlag, München 1994: 27 (129), 32 (135), 53 (358), 58 (100), 61 (41), 66 (38), 79 (222), 85 (149), 89 (147), 94 (142), 100 (211), 110 (22), 123 (99), 142 (189), 144 (220), 157 (219), 166 (225), 169 (174), 176 (162), 184 (230/231)
- Septembertag, (c) S. Fischer Verlag, Frankfurt/M. 1964: 28 (89), 29 (98), 31 (66/67), 67 (49), 72 (138), 80 (64), 84 (103), 90 (45/46), 96 (10), 107 (127), 111 (43), 112 (99), 127 (99), 136 (102), 137 (7), 160 (142/143), 167 (106)
- Erstveröffentlichung, Auszüge aus den Briefen an Manfred Fundel: 30 (11.11.67), 36 (25.11.93), 52 (8.2.64), 55 (16.1.74), 56 (24.5.66), 59 (14.9.74), 163 (23.4.63)
- Kriegsspielzeug. Tagebuch 1972-1978, (c) S. Fischer Verlag, Frankfurt/M. 1978: 33 (143)
- An den Frieden glauben, (c) S. Fischer Verlag, Frankfurt/M. 1990: 35 (259), 57 (290), 60 (293), 86 (297), 87 (299), 97 (236), 101 (235), 122 (302), 139 (296), 147 (308), 159 (237), 180 (271)

- Im Dunkeln singen. 1982-1985. (c) S. Fischer Verlag, Frankfurt/M. 1985: 38 (59), 104 (168/169), 174 (271)
- Nina. Mitte des Lebens - Abenteuer der Tugend, (c) S. Fischer Verlag, Frankfurt/M. 1961: 51 (430), 63 (429), 64 (459/460), 141 (412), 168 (429)
- Winterfrühling. 1979-1982, (c) S. Fischer Verlag, Frankfurt/M. 1983: 62 (213), 68 (213), 73 (213), 134 (211)

Luise Rinser. Materialien zu Leben und Werk, hrsg. von Hans-Rüdiger Schwab. (c) S. Fischer Verlag, Frankfurt/M. 1986: 74 (255)
- Wenn die Wale kämpfen. Porträt eines Landes: Süd-Korea, R.S. Schulz, Percha 1976, (c) Luise Rinser: 78 (224 u. 222)
- Gespräche von Mensch zu Mensch, Echter Verlag, Würzburg 1967, (c) Luise Rinser: 93 (131), 103 (121), 130 (27/28), 138 (42)
- Bruder Feuer, (c) K. Thienemanns Verlag, Stuttgart 1975: 105 (55)
- Der schwarze Esel, (c) S. Fischer Verlag, Frankfurt/M. 1974: 113 (317)
- Die gläsernen Ringe, (c) S. Fischer Verlag, Frankfurt/M. 1941: 161 (88)